나 계속 가수 해도 되나?

신연아 간단이력

1996-2001 전문 녹음코러스세션으로 국내 음반 80%참여(코러스 편곡)

2001-2002 Le CIM (Centre d'information Musicales :
Jazz school in Paris)유학

2003-2011 보컬그룹 빅마마 리더. 1,2,3,5집 프로듀서

2014. 솔로앨범 "Vagabonde" 작사, 작곡, 제작 발매, 다수의 단독공연.
<신연아 밴드>로 활동시작

2020.3 신연아 <Portraits of love:Part1> 싱글 발매

2020.11 프랑스 채널 Mokastory에 온라인 단독공연.(www.mokastory.com)

2021.8. <재즈, 와인에 빠지다> 신연아재즈밴드 공연

2022.4. 신연아 <Portraits of love: Part2 > 싱글 발매
(Off Line : Portraits of love 미니앨범발매)

2022.12 피아노 듀오 공연(서울, 세종, 대구 With Nicola Sergio)

2023.7 피아노 듀오 유럽 공연 (이탈리아, 프랑스, With Nicola Sergio)

2023.9 피아노 듀오 앨범 "Rendez-vous in Paris(With Nicola Sergio)" 발매

2014~현재 "신연아재즈밴드" 로 다수의 공연

현 호원대학교 보컬책임교수, 전 예술대학장.

나 계속 가수 해도 되나?

빅마마 신연아 음악에세이

2022. 8. 24. 수

이제 딱 49세. 칠십세로 마음을 옮겨 보자.

괜히 간섭하지 말자. (말이) 많은, 좋은 상황을 생각하고

나의 동네 건강관리, 월평에서 마음이 흐리지 않기 위해 노력 먼저 이해해주고 말해주고 하지 말자.

'긍정적인 사고!!'

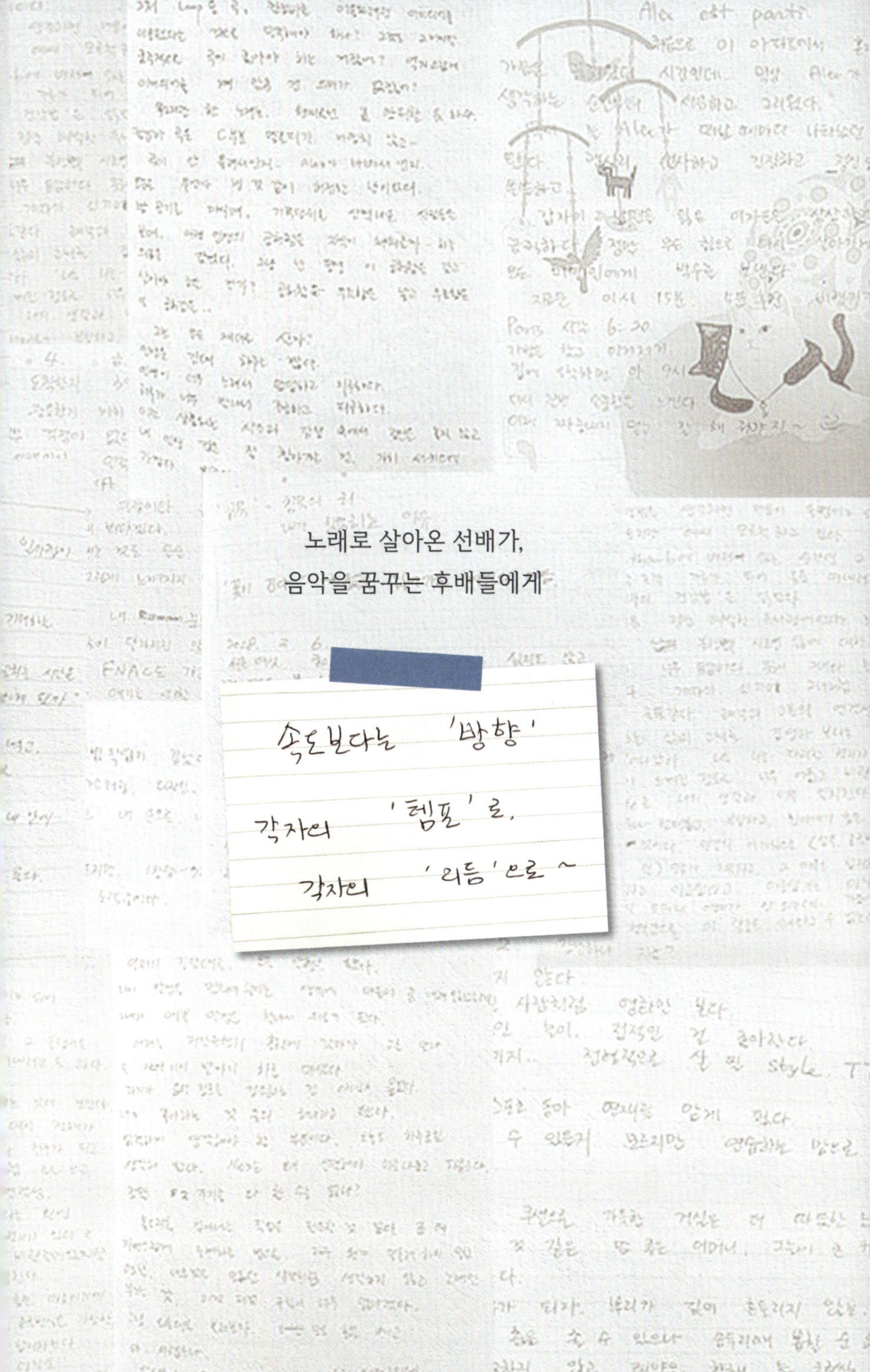

노래로 살아온 선배가,
음악을 꿈꾸는 후배들에게

속도보다는 '방향'
각자의 '템포'로,
각자의 '리듬'으로 ~

contents

나, 정말
가수 계속 해도
되는 걸까?

FIND ME!!

내게서 멀어진 거 같아, 요즘.
칫.. 나도 매달리지 않겠어.
너 말고 다른 기쁨을 찾으면 되지 머!

그러다,
다시 무대에 오른 날.
너를 떠날 수 있을 거란 오만에
고개 숙이며 미소 지었다.

Music! ♫♪

쉼표가 끼어들 때, 쉬어야 하는 거야.
쉼표도 음악 기호니까,
지켜야 하는 거야.
그래야 리듬감이 더 사는 거야.
삶의 리듬이!

이 책은 단순한 회고록이 아니라, 음악과 인간에 대한 철학적 사유가 담긴 귀한 기록입니다. 신연아 님의 성찰적 기록은 음악을 공부하는 학생들뿐 아니라, 인생의 파도 위에 선 모든 이들에게 밝은 등불이 될 것입니다.

_윤영삼, 문화예술학박사, 호원대학교 K-POP학과장

교수님을 뵐 때면 늘 수양 버드나무가 떠올랐습니다. 바람에 흔들리면서도 고요히 세상을 감싸며 꺾이지 않는 뿌리 깊은 지혜와 단단함. 음악과 삶을 통해 걸어오신 길에서 비치는 힘은, 책 속을 지나 독자들의 불확실한 길 위에서도 다시금 설 용기를 주고, 마음 한편에 오래 간직할 수 있는 작은 반짝임이 되어줄 것입니다.

_이정아, 싱어송라이터

예술가의 삶은 종종 막막함으로 가득하다. 그럴 때 필요한 것은 답이 주어진 길이 아니라, '나 또한 그 길에서 헤매었다'고 들려주는 선배 예술가의 목소리다.

신연아 교수님의 이야기는 목적지와 경로를 알려주지 않는다. 대신 자신만의 나침반을 찾아가는 과정에서의 헤매임조차 삶의 일부임을, 그리고 그 방황과 고독이 모여 결국 '나'가 된다는 사실을 일깨워준다. 이 책의 마지막 장을 덮으며, 나 역시 그녀처럼 더욱 격렬히 '나 자신'이 되고 싶어졌다.

_김호연, 싱어송라이터, 보컬트레이너

track 1

음악과의 만남

돌이켜 생각해 보니, 벽에 부딪히고 잘 안되고 있다는 건
새로운 무언가를 익히고 있다는 반증이었고,
이것은 발전하고 있다는 다른 말이었단 생각이 든다.
하던 것만 하면 늘 잘한다.
하지만 새로운 것, 안 해 본 것을 할 때는 바보처럼 헤매고
모자란 사람 같다는 생각이 들기도 하는 법인걸.
오히려 불안해했어야 하는 때는
늘 잘된다고 생각하던 순간이었는지도 모른다.

사기의 덫, 무대의 문

중·고등학생 시절, 공부를 비교적 잘하는 편이었다. 여러 번 반 대표로 선출되었고, 선생님들의 전적인 신뢰를 받는 학생이었다. 다들 내가 진로를 공부 쪽으로 정할 거라고 기대했기에, 음악을 마음에 품고 있다는 사실은 누구에게도 말하지 못했다. 사람들 눈에 나는 그저 공부하는 애가 노래도 곧잘 하는 정도로 보였다. 수업 시간에 졸음이 번질 때면 선생님이 분위기를 환기하려고 내게 노래를 부탁하셨고, 음악 선생님은 합창단에 들어 오라고 제안하시는 정도였다. 그때나 지금이나, 내가 품고 있는 비밀들을 타인에게 말하기는 늘 어렵다. 어차피 아무도 관심 없을 텐데, 굳이 내 안 깊은 곳의 이야기까지 꺼낼 필요가 있을까 싶기도 하다. 내게는 아주 중대한 이야기를 어제 먹은 저녁 메뉴처럼 가볍게 말하고 싶지도 않다. 그래서 진지한 분위기가 형성되지 않으면 대체로 내 이야기를 하지 못하는 편이다. 성향은 쉽게 변하지 않는다.

고3이 되어 모두가 대학을 목표로 공부하는데, 나는 왜 대학에 가야 하는지 도무지 알 수가 없었다. 이유를 찾지 못해 방황했지만, 그 방황이라 해봤자 공부 시간에 잡념에 빠지는 정도가 전부였다. 야간 자율학습도 다 하고 공부할 시간도 채웠지만, 왜 대학을 목표로 공부해야 하는지 이유를 찾지 못하니 집중이 되지 않았다. 결국 성적도 떨어지고 있었다. 그러던 내게, 합창단 가입도 반대하셨던 엄마가 "대학 가면 네가 하고 싶은 걸 해라"라고 말씀하셨다. 그 순간, 대학에 가야 할 이유가 내 앞에 선명히 나타났다. 나는 노래를 하고 싶었고, 대학에 가면 그걸 할 수 있으니 늦게나마 대학을 가야겠다고 생각했다. 하지만 굳이 좋은 대학을 가야 하는 이유는 찾지 못해, 공부는 설렁설렁했다. 결국 나는 후기로 대학에 입학했다. (그 시절 대학 전형은 전기와 후기로 나뉘었는데, 전기에서 대부분의 대학이 모집을 마치고, 남은 몇 개 정원만 후기에 지원할 수 있었다. 그 이후 전문대 전형이 이어졌다) 마침 그 대학 안에 "창작가요 동아리"가 있었고, 운 좋게 그 문턱 높은 동아리에 합격하면서 내 음악 인생이 시작되었다.

연습하고 공연을 준비하는 것이 삶의 전부인 시절의 시작이었다. "대학 가면 하고 싶은 걸 하라"던 엄마조차, 자정을 넘겨 귀가하는 나를 보며 동아리를 그만두든지 학교를 그만두든지 하라고 하실 정도로 동아리 활동에 매진했다. 흔한 연애도, 여행도 똑 부러지게 해본 적이 없고(못한 것도 있지만) 오직 노래만을 향해 미친 듯이 달려갔다. 하지만 내 학사 전공은 '음악'이 아니라 '불어불문학'이었다. (우리 대학에는 실용음악학과가 없었다. 그 시절엔 전문대인 서울예술대만 존재하던, 말 그대로 호랑이 담배 피우던 시절이었다.) 나는 음악으로 무언가를 할 수 있을지 알 수 없어, 불안감이 점점 고조되던 시기였다. 학과 친구들처럼 회사를 들어가 볼까 상상을 해보았다. 그 시절엔 여직원들이 딱 붙는 유니폼 입고 커피 타는 일을 하는 게 의례적이었는데, 도저히 그걸 할 수는 없었다. 출근길 지옥철도 자신 없었지만 무엇보다 싫은 건 그 딱 붙는 유니폼과 커피 심부름이었다. 그렇다면 나는 어떻게, 어떤 세상으로 나아갈 것인가. 그런 고민을 하던 찰나, 옥장판 다단계에 빠져 있던 내 절친이 내게 손을 내밀었다. 다단계로 돈 벌어서 앨범 내라는 그 친구의 말이 그리 믿기지는 않았지만, 절친이 하고 있는 일이 뭔지는 알아야겠다는 가소로운 우정과 불확실한 내 장래가 다단계 사무실로 내 등을 떠밀었다.

다단계 사무실에서 강의랍시고 하는 내용은 옥장판을 사기 위해 돈을 빌릴 때 거짓말하는 법, 레퍼토리 설명, 그리고 사무실로 사람을 유인하는 수법 등이었다. 3~4개월쯤 출근하다시피 그 사무실에 나가 보니, 그들의 논리와 행동이 앞뒤가 맞지 않고 어리석다는 사실을 깨달았다. 결국 나는 절친을 남겨 둔 채 혼자만 그만두었다. 그러나 그 시절 옥장판을 구매하느라 빌린 300만 원(1995년 기준, 지금 물가로는 약 700만 원쯤 될까?)이라는 빚과 후회가 나를 짓눌렀다. 아파트 지하실에 몰래 숨겨 두었던 옥장판을 되팔았더니 겨우 50만 원. (그 옥장판을 다시 사 가는 전담 아저씨가 따로 있었다) 그 아저씨의 능숙한 태도를 보며, 내가 모르는 세상에 놀아났음을 깨닫고 머리가 띵해졌다. 하지만 그런 깨달음에 취해 있을 여유는 없었다. 내게는 여전히 250만 원의 빚이 남아 있었으니 무엇으로 돈을 벌 것인가 고민하다가, 대학마다 개최하던 가요제들의 상금에 눈이 번쩍 뜨였다. 빠르게 많이 벌려면 가요제 상금을 타는 게 상책이었다! 다행히 옥장판 절친이 내게 써 주었던 노래가 있어서, 그 노래로 세 개 대학의 가요제를 신청했고 결과는 뿌듯했다. 대상과 금상으로 받은 가득한 상금 덕에 빚 청산이 코앞에 놓이니, 이미 신청해 둔 남은 가요제에는 시큰둥

해져서 예선을 보러 갔다가 그냥 되돌아오는 '돌아이'다운 행동을 하기도 했다. 도전을 절대 하지 않는 내 성향상, 만약 내게 빚이 없었더라면 가요제 신청은 아예 시도조차 하지 않았을 것이다. 이런 결과들의 대미는 바로 강변가요제였다. 동아리 선배가 나와 남자 동기에게 듀엣으로 출전하라며 곡을 써 주셨다. 그 곡은 〈그대만을 위한 사랑으로〉라는 제목의 노래(20p QR참조)로, 당시 팀명도 없이 '신연아, 강성민'이라는 이름으로 출전했다. 그리고 바로 이 무대에서 우리 팀은 1995년 강변가요제 은상을 거머쥐었고, 마침내 나는 옥장판 빚의 굴레에서 벗어났을 뿐 아니라, 운명처럼 내 인생을 바꿀 새로운 음악의 길도 열 수 있게 되었다.

나쁜 일이 반드시 나쁘게만 끝나지는 않는 것 같다. 그렇다고 좋은 일이 언제나 좋게만 끝나는 것도 아니다. 나쁜 일이 좋은 결과를 가져오기도 하고, 좋은 일이 안 좋은 일의 씨앗이 되기도 한다. 옥장판 다단계로 진 빚이 오히려 가요제에 나설 용기를 주었고, 그 덕에 나는 음악 인생의 실마리를 잡을 수 있었다. 그러니 그 어떤 나쁜 일이 와도 너무 겁먹지 않기로 하자.

'95 MBC 강변가요제

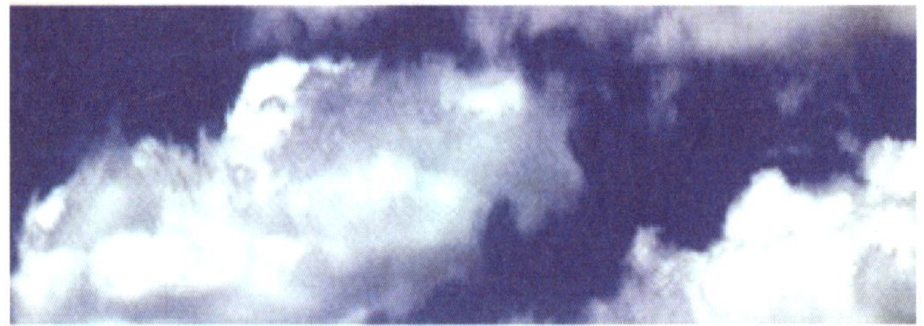

〈그대만을 위한 사랑으로〉 노래QR

나쁜 일이 반드시 나쁘게만 끝나지는 않는 것 같다.

그렇다고 좋은 일이 언제나 좋게만 끝나는 것도 아니다.

나쁜 일이 좋은 결과를 가져오기도 하고,

좋은 일이 안 좋은 일의 씨앗이 되기도 한다.

옥장판 다단계로 진 빚이 오히려 가요제에 나설 용기를 주었고,

그 덕에 나는 음악 인생의 실마리를 잡을 수 있었다.

그러니 그 어떤 나쁜 일이 와도 너무 겁먹지 않기로 하자.

나 음악 해도 되는 걸까?

그냥 좋아서 노래를 불렀다. 그러다 아는 선후배들의 요청으로 녹음이나 공연 코러스를 하게 되었는데, 그렇다고 해서 내가 계속 직업으로 노래를 해도 되는 것인지에 대해서는 늘 의심이 들었다. 요즘은 실용음악학과가 있는 대학들이 많다. 거기에 합격하고, 또 그곳에서 인정받으면 마치 음악할 수 있는 자격증을 부여받은 기분이라도 들 것이다. 하지만 나는 혼자 시작했고, 어찌어찌 이어 오긴 했지만 과연 내가 음악을 해도 될 만큼의 재능을 가진 건지 확신이 들지 않았다. 노래가 좀 잘 되는 날은 '나 "쫌" 하네?' 하며 편안히 잠에 들었지만, 노래가 잘 되지 않고 벽에 부딪히는 날엔 '이래 가지고 계속 해도 되는 걸까?' 하는 의심이 밀려와 불안하고 예민해졌다.

돌이켜 생각해 보니, 벽에 부딪히고 잘 안되고 있다는 건 새로운 무언가를 익히고 있다는 반증이었고, 이것은 발전하고 있다는 다른 말이었단 생각이 든다. 하던 것만 하면 늘 잘한다. 하지만 새로운 것, 안 해 본 것을 할 때는 바보처럼 헤매고 모자란 사람 같다는 생각이 들기도 하는 법인걸. 오히려 불안해했어야 하는 때는 늘 잘된다고 생각하던 순간이었는지도 모른다. 처음으로 애시드 재즈(Acid Jazz)를 듣고 연습하던 날, '내가 박치인가?' 하는 생각이 들었고, 도대체 어디에 리듬을 맞춰야 하는지 난감했던 기억이 난다. 무언가를 새로 익힐 때 잘되지 않아 헤맬 때는 오히려 '잘 배우고 있는 거야'라고 스스로를 토닥여야 하고, 하던 걸 잘할 때는 우쭐할 일이 아니라 '늘 하던 건데 못하면 이상하지' 하고 겸손해야 하는 것 같다.

젊은 날에는 '재능'이 가장 중요하다고 생각했다. 물론 중요하다. 아예 재능이 없다면 좋은 음악인이 되기는 어렵지만, 재능만 있다고 해서 좋은 음악인이 되는 것은 아니다. 대학 시절, 정말 타고난 목소리를 가진 사람이 있었다. 흑인 같은 배음을 지녔고, 참 매력적이면서 감히 국내 유일하다 할 수 있는 목소리였다. 그런데 약속 시간을 잘 지키지 못했고, 진지하고 긴 연습을 이겨내지 못했다. 공연 코러스를 소개해 주었는데, 리허설 시간을 지키지 않았다고 소개받은 쪽에서 불만을 전해 들었다. 그러다 소속사가 생겨 방송을 준비했지만, 가는 방송마다 제대로 해내지 못해 해당 매니저가 난감해했다. 결국 그 앨범은 조기에 활동을 마감했고 계약도 해지되었다. 재능이 있다고 해서, 데뷔를 한다고 해서, 방송에 몇 번 나간다고 해서 모든 것을 다 해냈다고 생각하는 것은 큰 오산이다. 그것은 긴 음악 활동 중 거쳐 가는 과정 중 하나일 뿐이니까. 학생 중에도 데뷔를 준비하기 시작하면서 태도가 바뀌는 경우가 있다. 오디션 프로그램에 한 번 나갔다 오면 마치 '난 다른 레벨이다'라는 식의 특권 의식에 쌓여 연예인병 초기 증세를 보이는 경우도 봤다. "교수님, 아시잖아요~" 하면서 대화를 이어가는 모습이 데뷔 10년은 넘은 사람처럼 구는구나 싶을 땐, 내가 더 민망해져서 말을 잇지 못하겠더라.

반면, '천재 소년 정재일'의 경우는 오히려 반대였다. (영화 기생충, 오징어 게임 등으로 유명한 음악감독, 그 정재일 맞다.) 내가 재일님을 처음 만난 건 재일이가 중학교 3학년 시절이었다. 밴드 '긱스'에서 베이스를 연주했고, 나는 코러스를 맡았었다. 합주하다가 쉬는 시간이 되면 쉬는 게 아니라 다른 악기에 앉아 피아노를 치거나 드럼을 치거나 기타를 치곤 했다. 재일이는 그냥 그게 재밌는 것 같았다. 활 연주자를 보고 "와~!" 하며 감탄하더니, 다음 공연에서는 직접 활 연주를 했고, 어느새 독학으로 오케스트라 편곡을 공부해 오케스트라 편곡과 지휘까지 해 주었다. 재능이 있네 없네 하는 고민 따위가 뭔지 모르는 듯, 어린아이가 장난감에 몰입해 놀 듯 재일이는 음악을 가지고 아주 즐겁게 노는 것 같았다. 물론 이것 자체가 재능이 있어야 가능한 일이라면 완전히 부정할 수는 없지만, 나는 '꾸준히 연마하는 힘' 또한 재능이라고 생각한다. '이게 될까, 안 될까?' 하며 성공 여부를 계산하고 앉아 있다면 이미 그 사람 마음의 절반은 부정적인 것이다. 절반이 부정적인데 어떻게 더 앞으로 나아갈 힘이 샘솟을까? 적어도 음악을 시작하는 단계에서는 많은 생각보다, 재밌어서 시간 가는 줄 몰라야 한다. 만약 그렇지 않다면, 그만큼 좋아하지 않는 것이다. 음악을 하다 보면 더 힘들고 더 어려운 고비가 여러 번 올 텐데, 정말 사랑하는 마음이 크지 않다면 그 고비를 어떤 힘으로, 어떤 마음으로 넘어설 수 있을까?

'꾸준히 연마하는 힘' 또한 재능이라고 생각한다.
'이게 될까, 안 될까?' 하며 성공 여부를 계산하고 앉아 있다면
이미 그 사람 마음의 절반은 부정적인 것이다.
절반이 부정적인데 어떻게 더 앞으로 나아갈 힘이 샘솟을까?

좋은 소리를 갖고 싶어~

노래에 막 미치기 시작했을 때는 여자 가수들의 앨범만 들었다. 나를 사로잡는 목소리와 음악을 찾아 여러 가수들의 노래를 들을 때, 행복하면서도 동시에 괴로웠다. 인터넷이 지금처럼 활발하지 못하던 시절이기에, 음악을 들으려면 CD나 카세트테이프로 들어야 했다. 라디오에서 나오는 음악을 기억해 두었다가 다시 나올 때 얼른 카세트테이프로 녹음을 해 두면 나만의 영원한 플레이리스트가 되긴 하지만, 내가 원하는 가수의 음악이 라디오에서 나오는 일은 정말 드문 일이었다. 한 곡 한 곡이 참 소중하던 때였다. 카세트테이프를 사서 음반 가게에서 나오자마자 포장을 뜯어 발겼다. '뜯어 발긴다'는 표현이 맞는 이유는, 속지에 적힌 뮤지션들의 이름이 궁금해서 얌전히 포장을 벗겨 낼 마음의 여유가 없어 성급하게 여기저기 모서리를 박박 긁어대다 잡히는 대로 뜯어냈기 때문이다.

어떤 연주자가 참여했는지, 누가 곡을 썼는지를 확인하다가 그 이름이 지난번 다른 앨범에서 보았던 사람이면, 마치 오랜 친구를 길에서 우연히 만난 것처럼 반갑다. 그 시절 단골 음반 가게는 집에서 10분 남짓한 거리에 있었지만, 속지를 읽느라 느린 걸음을 걷느라 시간이 더 걸렸다. 다 읽고 나서야 빠른 걸음으로 서둘러 집으로 들어간다.

물론 방으로 직진해서 음악을 틀어봐야 한다.

레즈나 벨(Resina Belle), 데즈레(Des'ree), 아니타 베이커(Anita Baker), 에타 제임스(Etta James), 빌리 홀리데이(Billie Holiday) 등 대부분이 흑인 Soul, Jazz 보컬들이었다. 그 시기의 나는 무겁고 깊은 감성을 원했다. 즐거운 음악은 별로 귀에 닿지 않았다. 프랑스 가수 파트리시아 카스(Patricia Kaas)처럼 백인이지만 흑인 느낌을 낸다면 맘에 들었다. 알고 보면 모두 녹록지 않은 인생을 살아온 가수들이었다. 고단한 삶 속의 결핍과 한계 앞에서 무너지는 밤을 보내 본 적 있는 사람들의 목소리였다. 그래서인지 그 시기엔 엘라 피츠제럴드도 별로 내키지 않았고, 패티 오스틴도 그다지 매력적으로 느끼지 못했다. 한 소절만으로 인생의 참혹한 바닥을 보여주는 목소리를 갖고 싶었다. 슬픔은 슬픔으로만 위로할 수 있다고 생각했었나 보다.

무언가 사연이 있을 것 같은 목소리의 가수를 들은 날에는, 내 몸에서 나올 수 있는 소리들을 찾는 연습을 했다. 지금 생각하면 그녀들의 소리를 수박 겉핥기 식으로 따라 하려고 하는 풋내 나는 신입생 같은 모습이지만, 그래도 그런 소리를 향한다는 것은 칭찬해 주고 싶다. 흉성을 좀 더 섞어 보려고도 하고, 두성을 좀 더 써 보느라 머리가 지끈거리기도 하고, 혼자만의 소리 연구를 하다 보면 금세 배가 고프고 피곤해졌다.

그 시절엔 그녀들의 소리가 성대에서, 공명에서, 두성이니 흉성이니 하는 발성법적인 차원에서 나오는 소리라고만 생각했었다. 하지만 음악은 삶과도 닮아 있어서 무르익을수록 더 깊어진다. 젊은 시절엔 기술이 좋고, 나이가 들면 감성이 좋아진다. 그런데 젊은 날엔 둘 다 갖고 싶어 안달이 난다. 타인의 몸에서 나는 소리를 가져오려고 참 수많은 시간을 썼다.

지금 나에게 좋은 소리란, 내 안에서 내 몸에 맞는 공명과 압력으로 삶을 녹여내는 소리이다. 억지로 남을 흉내 내는 게 아니라 나 스스로를 받아들이고 그 여유를 공명감으로 승화시키는 심리적 안정 상태에서 나오는 소리. 그 소리를 흔들리지 않게 잡아 주는 복압과 호흡법이 바탕이 되는 소리. 그리고 무엇보다 사람들의 마음을 안아 주고 잡아 주는 소리. 그런 소리를 계속 갖고 싶어서 여전히 기본 발성 연습을 한다.

지금 나에게 좋은 소리란, 억지로 남을 흉내 내는 게 아니라
나 스스로를 받아들이고 그 여유를 공명감으로 승화시키는
심리적 안정 상태에서 나오는 소리.
무엇보다 사람들의 마음을 안아 주고 잡아 주는 소리.
그런 소리를 계속 갖고 싶어서 여전히 기본 발성 연습을 한다.

track 2

유명한 무명 가수 시절

'빈칸채우기'는 1990년대 후반에서 2000년대 초반,
국내 가요계 전성기를 함께한 대한민국 대표 코러스 세션팀이었다.
그 시절 발매된 국내 음반의 약 70~80% 이상에 참여했을 정도로
거의 모든 주요 앨범에 그들의 목소리가 담겨 있었다.

음악 업계에서는 "당시 '빈칸채우기' 멤버들이
건물을 살 정도로 바쁠 만큼 활동했다"는 말이 있을 정도로,
이들은 수많은 가수들의 음반과 무대 뒤에서
한국 대중음악의 황금기를 뒷받침한 숨은 주역들이었다.

빈칸 채우기

1995년 강변가요제 이후, 4학년 마지막 학기는 졸업 예정자답게 외부에서 바쁘게 지내다가 1996년 1월에 '소찬휘 1집' 앨범의 코러스 세션으로 참여하게 되었다. 학교 동아리 선배였던 이현정 언니가 작곡가로 참여한 곡에 나와 또 다른 후배 효수를 더해 여자 세 명이 코러스를 하면 좋겠다고 제안하셨다. 현정 언니 곡이었기에 미리 만나 연습을 한 뒤 녹음실로 갔다. 녹음 날, 앨범 프로듀서였던 광화문 스튜디오 메인 엔지니어께서 너무 마음에 든다며 그 앨범의 다른 곡들까지 코러스를 해 달라고 제안하셨다.

그 시절에는 코러스 녹음 세션이 한두 명에 불과했다. 보통 한 명의 코러스가 녹음실에 들어가 작곡가가 원하는 대로 부르는 방식이었는데, 우리는 미리 코러스 편곡을 만들어 갔기에 이 방식이 나름 신선하게 느껴졌던 것 같다. 현정 언니가 곡을 쓰는 분이라 여러 가지 아이

* '빈칸채우기'는 1990년대 후반에서 2000년대 초반, 국내 가요계 전성기를 함께한 대한민국 대표 코러스 세션팀이었다. 그 시절 발매된 국내 음반의 약 70~80% 이상에 참여했을 정도로 거의 모든 주요 앨범에 그들의 목소리가 담겨 있었다.
음악 업계에서는 "당시 '빈칸채우기' 멤버들이 건물을 살 정도로 바쁠 만큼 활동했다"는 말이 있을 정도로, 이들은 수많은 가수들의 음반과 무대 뒤에서 한국 대중음악의 황금기를 뒷받침한 숨은 주역들이었다.

디어를 많이 내셨고, 나는 그저 맡은 부분만 잘 따라가면 다행이라 생각했다.

현정 언니는 아주 예쁜 목소리라 하이 파트를, 효수는 음감이 뛰어난 중창단 출신의 미들 보이스라 미들을, 나는 흉성을 열심히 연습하던 시절이라 저음 파트를 맡게 되었다. 세 명이 한 마이크 앞에서 동시에 세 화음을 녹음한 뒤, 더빙 트랙으로 한 번 더 하면 총 3화음이 완성되는 방식이었다. 녹음 채널을 만드는 데 한계가 있던 시대였기에 코러스 트랙을 적게 쓰면 엔지니어들이 특히 좋아했다. 서로 다른 색깔의 목소리가 함께 노래하면 각각의 목소리가 차지하는 공명감이 서로 보완이 되어 한층 더 풍성한 느낌이 난다. 그래서 코러스 편곡에 골치를 앓던 작곡가들에게 우리는 아주 반가운 존재였다.

광화문 스튜디오에는 몇몇 작곡가들이 자주 모였었다. 여러 앨범 프로듀싱을 하시던 메인 엔지니어분을 주축으로 몇몇 작곡가들의 크루가 형성되었는데, 그 앨범에 참여하면서 우리도 그 일원이 되는 분위기였다. 농담 반 진담 반으로, 팀명을 지어서 명함이라도 찍어 보라는 말이 오갔는데, 바로 그다음 주에 행동파 효수가 정말로 명함 스티커를 만들어 와서 깜짝 놀랐다. 그 시대엔 명함을 스티커로 제작하는 것이 유행으로 돌고 있었는데, 역시 신세대답게 바로 행동에 옮긴 것이다. 장난삼아 지었던 팀명 "빈칸 채우기"가 적힌 명함을 받고 깔깔거리며 웃었는데, 그때부터 그 녹음실에서 진행하는 모든 앨범을 시작으로, 만났던 작곡가들이 진행하는 다른 앨범들까지 참여하게 되어 거의 모든 녹음실을 돌아다니며 전문 코러스 세션 생활을 하게 되었다.

녹음 시간은 주로 4시간 단위로 나뉘었다. 아침 10시에 1프로라고 하면 오전 10시부터 오후 2시까지, 오후 2시부터 6시까지, 6시부터 다시 밤 10시까지로 계산했다. 한창 바쁜 시절에는 하루에 2~3프로씩 녹음을 하기도 했다. 녹음 세션으로 바빠지기 시작한 지 2년쯤 되었을 때로 기억하는데, 작곡가로 활동하던 현정 언니가 곡 작업할 시간이 부족하다며 '빈칸 채우기' 활동을 줄이겠다고 결정하셔서 나와 효수, 두 사람이 주로 많은 녹음을 이어갔다. 업계에 소문이 나면서 여기저기서 우리를 원하는 기획사들이 많아져서, 한두 달 정도의 일정은 거의 다 차게 되었다.

그 시대 앨범에는 애드리브(Ad-lib: 즉흥적으로 가사 없이 멜로디를 만들어 부르는 것)를 넣는 게 유행이었다. 애드리브는 주로 내가 했기에 애드리브가 필요한데 비용 절감상 한 명만 오면 좋겠다고 할 때는 내가 혼자 가게 되었다. 처음으로 혼자 녹음실에 가야 하는 날은 가기 전부터 긴장이 되었다. 사전에 곡을 들어 보고 준비해 가던 초기 몇 달을 제외하고는 녹음실에 가서 곡을 듣고 바로 코러스를 만들어 녹음했는데, 효수와 함께 갈 때는 서로 아이디어를 나눌 수 있어 덜 부담스러웠다. 하지만 막상 혼자 하려니 마이크 앞에서 머리가 하얗게 비어버리는 경험도 했다. 세 명 중 음감이 제일 떨어지던 나였기에 더 긴장하며 녹음하던 지옥 같은 1년을 보내고, 2년쯤 되자 조금은 편해졌다. 3년 차에는 어떤 곡을 맡더라도 긴장하지 않고 해낼 수 있는 담력과 능력을 갖추게 되었다.

코러스 녹음을 시작하던 때에는 진로가 맞지 않는 것 같아 매일 고민했다. 잘 못하는 일을 계속 돈 받고 하는 게 아닌가 하는 자책이 들어 언제 그만둘지 늘 망설였다. 그렇게 머뭇거리며 녹음으로 하루하루를 보내다 보니 3년이 흘렀고, 그 시간 동안의 경험이 나를 많이 성장시켰음을 느낄 수 있었다. 언제부턴가 회사들이 내 일정에 맞추느라 메인 가수의 노래를 녹음을 하기도 전에 먼저 코러스를 녹음하는 상황도 생겼고, 감기에 걸려도 무조건 내가 해야 한다고 우겨서 엥엥 콧소리로 녹음을 하기도 했다. 웬만하면 기피하는 오전 녹음 시간에도 해달라고 조르는 바람에 아침 일찍부터 녹음을 하기도 했고, 새벽 녹음을 하다가 "들어볼게요~" 모니터링하는 동안 살짝 잠이 든 적도 있었다. 다음 일정과 시간 사이에 약간 여유가 생겨 미리 도착한 녹음실 소파에 누워 단잠을 자기도 했고, 녹음 전에 늘 식사를 제공받던 시절이었다.

노래 잘하는 코러스 세션으로 소문이 나면서 영화 음악 주제곡이나 드라마 음악 주제곡 섭외도 자주 들어왔다. 코러스 세션으로 섭외되어 듀엣곡을 녹음한 경우도 있었는데, 이정석 님의 앨범과 문차일드 앨범이 그랬다. 드라마 〈세상 끝까지〉의 주제곡 〈초대〉가 갑자기 유명해져 라디오 공개방송에 출연한 적도 있었다. 당연히 매니저가 있는 줄 알고 연락하셨는지, 방송에서 노래할 때 MR을 릴 테이프로 받아가야 한다는 것도 모르던 내게 "매니저 없으세요?" 하고 묻던 작가님의 의아한 목소리가 아직도 생생하다.

방송계가 뭔지도 모르고, 연예계가 뭔지도 모른 채 노래만 열심히 부르던 시절이었다. 세상을 살아가는 데 실력이 전부가 아니라는 걸 깨닫게 된, 아픈 시기이기도 했다. 열심히만 하는 게 맞는 건가 하는 의문이 들기 시작했고, 내가 하고 싶던 음악과 점점 멀어지는 상황에 발을 동동 구르던 밤이 잦았다. 주로 댄스 음악으로 시작했던 코러스 생활은 점차 음악적 스펙트럼이 넓어져 가요계의 80% 이상의 앨범에 내 이름이 오르게 되었지만, 늘 음악적으로 목마르고 못마땅한 내 처지를 어떻게 헤쳐 나가야 할지 전혀 알 수 없었다. 돈만 번다고 행복해질 수 없다는 걸 온몸으로 깨닫게 된 시절이었다. 연주비를 현금으로 받던 시대라 책상 위에 돈봉투는 쌓여 갔지만, 그것을 쓸 시간도, 함께할 사람도 없이 원하지 않는 남의 음악에 코러스를 얹으며 내 청춘을 갉아먹는 내 자신이 돈의 노예가 된 것 같아 자존심이 상하면서도 멈추지 못하는 비겁함 속에서 술 취한 사람처럼 출렁거리기만 했다.

그 시기가 내게 남긴 것은 하지정맥류와 가정형편에 보탤 수 있었던 돈, 그리고 유학 자금뿐이라 생각했다. 하지만 매일 반복되는 녹음은 곧 가장 좋은 훈련이었고, 모든 대중음악 장르를 접할 수 있는 수업이었으며, 이후 빅마마 활동을 하면서 화음 편곡을 해낼 수 있는 능력을 길러 준 시기이기도 했다.

남의 음악에 코러스를 얹으며
내 청춘을 갉아먹는 내 자신이 돈의 노예가 된 것 같아
자존심이 상하면서도 멈추지 못하는 비겁함 속에서
술 취한 사람처럼 출렁거리기만 했다.

그 시기가 내게 남긴 것은 하지정맥류와
가정형편에 보탤 수 있었던 돈, 그리고 유학 자금뿐이라 생각했다.
하지만 매일 반복되는 녹음은 곧 가장 좋은 훈련이었고,
모든 대중음악 장르를 접할 수 있는 수업이었으며,
이후 빅마마 활동을 하면서 화음 편곡을
해낼 수 있는 능력을 길러 준 시기이기도 했다.

기억에 남는 코러스 녹음들

가수 이적 씨의 매니지에게서 코러스 녹음 섭외 연락이 왔고, 패닉 앨범을 시작으로 인연이 이어졌다. 〈내 낡은 서랍 속의 바다〉는 노래하는 학생 두 명 정도가 함께 섭외되었던 것으로 기억한다. 먼저 가스펠 콰이어 스타일의 합창 녹음을 진행하고, 그 뒤에 내가 애드리브를 녹음했다. 곡 자체가 멋져서 애드리브 라인도 단번에 잘 나와 뿌듯했던 작품 중 하나다. 패닉의 곡들은 이전에 해 오던 것보다 작품성이 높아 더 즐거운 마음으로, 마치 내 음악을 하듯 녹음할 수 있었다. 이후 긱스 앨범에도 참여했고, 긱스 공연 무대에도 함께 섰다. 그때 만난 정원영 교수님과의 인연은 학교로 이어져 지금까지 지속되고 있다. 일을 하며 누군가를 만난다는 것은 한 세상을 만나는 일이고, 인생의 한 페이지가 바뀔 수 있는 일임을 실감했다. 긱스와 공연을 하는 동안 참 행복했다. 그동안의 코러스 활동에 불만이 있었던 이유는 사람 탓이 아니라 음악 탓이었단 걸 깨달았다. 물론 긱스 멤버들은 모두 훌륭하고 유쾌한 사람들이어서 공연뿐만 아니라 행사와 뒷풀이까지 늘 밴드로 함께 움직였다. 그 시기에 나는 음악의 중요성을 다시 한 번 깊이 깨달았다. 긱스 멤버들에게는 유학을 준비한다는 이야기도 편하게 털어놓을 수 있었다.

한 무대에 오르면 한마음이 되어야 한다. 세션이라는 것도 생각보다 그 음악에 함께 움직일 때 비로소 한 팀이 된다. 나는 세션맨이니까 이방인처럼 마음을 먹으면 그 마음이 관객에게 들키고 만다. 음악인들이 마음가짐을 더 조심해야 하는 이유는, 그 마음이 음악에 드러나고 이내 사람들도 알아차리게 되기 때문이다. 자신이 하는 음악은 결국 그 자신이 고스란히 드러난다. 감추고 시작할 수는 있겠지만 오래지 않아 들통 나게 마련이다. 긱스와 함께하는 시간 동안 나는 음악에 대해 많은 생각을 했고, 정말 행복하게 음악 활동을 한다는 게 어떤 것인지 배우게 되었다. 내 인생의 방향을 움직이게 한 중요한 만남이었다.

한 번은 효수와 둘이 녹음을 하러 갔는데, 녹음실에 맥주 캔이 서너 개 널려 있었다. 음악을 만드신 분이 가수분이라는데, 아주 유쾌한 분위기로 맥주를 마시며 우리에게도 마시겠냐고 물어보셨다. 그날 녹음한 곡이 싸이 님의 〈새〉였다. 지나고 보니 싸이 님 음악의 원천은 바로 그 자유분방함이었던 것 같다. 그 곡이 대성공을 거두었다는 건 나중에야 알았다. 나는 이미 파리로 떠난 뒤였는데, 싸이 님이 다른 작품을 녹음하려고 사방팔방 나를 찾았다는 이야기를 전해 들었다. 내가 사라진 것에 대해 효수가 일일이 설명하느라 은근 귀찮았을 것이다. 어학연수 기간을 마치고 잠시 한국에 들어갈 것 같다고 연락을 드렸더니, 그 시기에 맞춰 녹음 일정을 잡으셨고, 그때 〈챔피언〉 앨범을 녹음했다.

우리말 노래뿐만 아니라 중국어로도 녹음을 한 적이 있었다. 여명 씨의 노래에 코러스를 하게 되었는데, 함께 녹음하던 김현아 언니와

"중국어 어렵네~"라고 잡담을 하자 여명 씨가 "중국말 아니야, 광둥말!"이라고 한국어로 친히 설명해 주셨다. 우리말을 어느 정도 알아들으셨다는 사실에 화들짝 놀랐었다. 녹음을 마친 뒤 직접 해 주신 사인은 아직까지도 일기장 사이에 잘 간직하고 있다.(아래 사진참조)

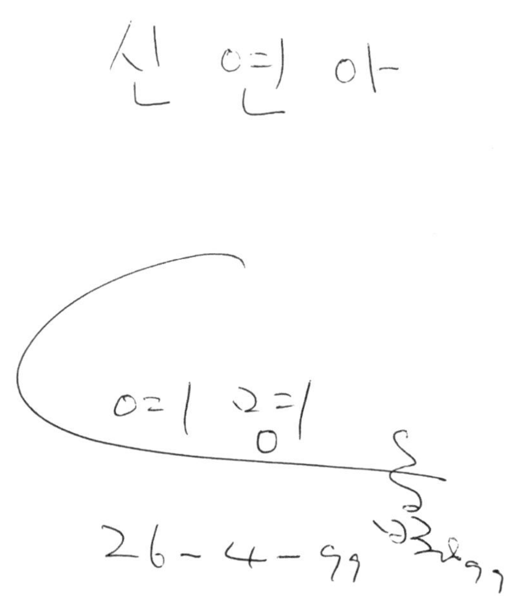

정말 코러스를 하길 잘했다는 생각이 드는 날도 많았다. 내가 팬이던 가수의 노래를 녹음할 때는 소극적인 성격 탓도 있었지만, 너무 좋아서 좋아한다는 말조차 하지 못했다. 가장 설레었던 순간은 녹음실 소파에 한석규 님과 나란히 앉아 있을 때였다. 한석규 님의 작품은 모두 챙겨 볼 만큼 팬이었던 나는 숨 쉬는 것조차 버거울 만큼 설레었다. 그날은 내가 녹음을 하러 갔는데, 앞서 한석규 님이 영화 〈8월의 크리스마스〉 OST를 녹음 중이셨던 걸로 기억한다. 거의 마무리 상태라 대기하고 있는데, 녹음을 마치고 나오신 한석규 님이 내 옆자리에 앉으시며 나를 향해 "아우, 노래 어려워요~"라고 하셨다. 내가 무슨 대답을 했는지는 기억나지 않는다. 그냥 두근거렸단 기억밖에. 그날은 정말 뿌듯한 날이었다.

이렇게 하루하루 녹음한 곡들이 모여, 실연자협회에 내 이름으로 등록된 곡이 5천여 곡에 이른다. 가수 활동을 하며 부른 노래까지 포함된 수치라 실제 코러스 곡 수는 이보다는 적지만, 코러스 세션 활동을 하면서 정말 다양한 장르의 음악을 만날 수 있었던 것은 최고의 공부였다. 내가 스스로 찾아 들을 일 없었을 장르들까지 경험할 수 있는 수업 같은 시간이었고, 게다가 돈까지 받을 수 있었으니 더없이 감사한 시절이었다.

내 음악을 향해 헤엄치다

5~6년간의 코러스 세션 생활 동안, 나는 녹음실에 가서 열심히 음악만 녹음하고 사라지는 캐릭터였다. 타인과 친분을 쌓거나 다른 사담을 할 생각도 없이 내 삶에 대한, 내 음악에 대한 고민만 하느라 타인에겐 전혀 관심이 없었다.

내 음악을 하려고 노력도 했었다. 강변가요제 직후 솔로 앨범을 목표로 한 회사와 3년 계약을 맺은 적도 있었는데, 당시 가요계에는 건달들이 많았고, 1년이 지나도록 앨범은 내주지 않은 채 매일 저녁 밥만 사주며 "연아가 3살만 더 많았어도 가만 안 두는 건데..."라는 성희롱 발언을 내뱉는 사장을 더는 믿을 수 없었다. 결국 계약 해지를 요청해 어렵게 빠져나올 수 있었다.

그 후에는 강변가요제에서 만났던 김도훈 작곡가(현재 RBW 책임프로듀서)와 이석주 오빠와 함께 팀을 만들어 그룹 앨범을 준비했고, 손무현 선배님의 소개로 한 회사와 계약까지 했지만 회사 사정으로 중단되었다. 이후에도 계약을 한 적이 있었는데, 노래 녹음을 마치고는 나에게 엔지니어 밥값을 계산하라고 하는 어이없는 사장이었다. 심지어 내가 데뷔한 뒤에는 전화를 걸어와 "옛날에 네가 불러둔 노래 팔면 잘 팔리겠네?"라며 반협박을 하기도 했다. 참 암담한 경험의 연속이었다.

시간이 더 지나자 업계에서는 웬만한 가수보다 더 알려진 코러스 세션이 되어 있었다. 하지만 세션으로 알려진 사람이 가수로 성공한 사례가 없었기에, 어느새 누구도 나를 가수지망생으로 봐주지 않는 상황으로 고착되는 것 같았다. 어떤 제작자는 "아우, 연아 씨는 노래를 너~무 잘하지~~"라며 손사래를 쳤는데, 그게 무슨 의미인지 아직도 이해가 안 된다.

나를 더 힘들게 했던 경우들도 있었다. 코러스 녹음을 하면서 애드리브를 부탁받아 녹음하고 왔는데, 나중에 출시된 음원을 들어 보니 내가 한 애드리브 라인을 어떤 가수가 그대로 다시 부르고 내 목소리는 삭제되어 있었다. 내가 한 애드리브를 가이드라인으로 사용한 것이다. 차라리 솔직하게 말이라도 해 주지...

더 어이없던 사건도 있었다. 드라마 음악을 녹음했는데, 그 곡 역시 가창자가 내 이름으로 출시되지 않았다. 제작사와 친분이 있던 어떤 여자가 내 노래 위에 따라 부른 뒤, 내 목소리를 완전히 지우지 않고 작게 깔아 둔 채로 출시된 것이다. 내 이름은 빠지고 그 여자의 이름이 가창자로 올라간 채, 그 곡은 아직까지도 실연자협회에 등록되어 있다.

세션 초기에는 공연을 하고도 출연료를 못 받은 적이 있었고, 드라마 음악 앨범에서 9곡을 노래하고 8곡의 가사를 썼는데도 모두 대가를 받지 못한 경우도 있었다. 사회 초년생일 때는 왜 여러 빌런들을 먼저 만나게 되는지 모르겠다. 세상의 쓴맛부터 보여 주고 단단히 각오하라는 의미였다면, 그 역할은 충분히 한 셈이다. 그 이후로는 웬만한 제안에는 속지 않았고, 섣불리 믿음을 주지 않았으며, 말보다는 행동을 봐야 한다는 큰 깨달음을 얻었으니 말이다.

마음이 점점 비어 가고 있었고, 텅 빈 마음으로 난 더 혼자가 된 기분이었다.'그래, 우리나라에서는 음악을 할 수가 없겠구나...'

모든 것이 싫어졌다.

이젠, 유명한 코러스 세션에서 가수들 노래까지 가르쳐 달라는 요구로 이어져 어쭙잖게 신인가수들 레슨을 하고 있던 시기였다. 주로 코러스 녹음하고 가끔 작사 요청이 오면 가사도 쓰고, 신인가수 레슨도 하면서 프랑스행을 결정하고 준비했다. 친하다고 생각했던 한두 명의 음악 선배에게 유학을 갈까 생각한다는 말을 했다가 "미쳤냐?"는 답을 들은 이후로는 그 누구에게도 말하지 않고 출국 전날까지 녹음을 했다. 여성 보컬 그룹을 만들어 보자는 선배 작곡가들의 제안을 귀담아 듣지도 않고 무책임한 승낙을 던지고는 파리행 비행기에 올랐다.

p.s.

당시 유학 이야기를 주변에 꺼내자 반대가 빗발쳤다.
“나이 28살에 지금 가서 공부한들
돌아와서는 일자리가 없을 것이다.”,
“그 나이에 가서 언제 돌아오겠느냐.” 등
모두 부정적인 반응뿐이었다.

갑자기 사라진 나를 두고 업계 사람들은 의문을 품다 못해,
남자를 만나 해외로 갔다는 소문까지 돌았다.

그런데 결국 남자를 데리고 돌아왔으니,
결과적으로는 비슷하게 되었네?

track 3

여기만 아니면 돼

이 곳이 아닌, 그 어딘가로

코러스 녹음 세션 생활 4년 차였던 1999년에 드라마 〈초대〉 OST(아래 QR참조) 녹음을 하게 되었다. 그때 작곡가님이 혹시 프랑스어 비슷한 허밍으로 불러 줄 수 있겠느냐고 요청하셨는데, 프랑스어 전공이었던 나는 놀라지 않고 비슷하게 불러 드렸더니 무척 좋아하셨다. 방송이 나간 뒤 그 노래에 대한 관심이 높아지고 가사에 대한 문의가 많아, 진짜 프랑스어로 재녹음을 하자는 연락이 왔다.

녹음 당일, 프랑스어 발음을 도와주실 분까지 섭외해 두셨는데, 프랑스어 전공자답게 나름 정확한 발음으로 노래하는 나를 보고 또 한 번 놀라셨던 작곡가님의 얼굴이 아직도 기억에 남는다. 그렇게 우연히 그 작곡가님의 이상에 부합하는 노래 〈Les pas〉가 탄생했고, 유학을

〈초대〉 노래QR

가서 음악 공부를 해보는 게 어떻겠냐는 애정 어린 조언까지 들었다. 남의 노래에 코러스를 만들어 녹음하는 것으로는 성에 차지 않던 내게 '유학'이란 단어는 '유레카!'를 외칠 만큼 신선한 단어였다. 단 한 번도 내 인생에 존재할 거라 생각지 못했던 외국 유학을 상상해 보니, 심장이 쿵쾅거리고 동공이 열리는 기분이었다.

불문과를 다니면서도, 아니 졸업하고 나서도 내가 외국에 갈 일은 전혀 없을 거라 나름 확신했었다. 그러나 인생은 절대 단언할 수 없다는 걸 다시 한 번 느낀 순간이었다. 마음은 이미 한국을 떠나 있었으니 이제는 도착지만 정하면 될 일이었다. 처음에는 미국에 가야겠다고 생각해 영어학원에 다녔지만, 그 시절에는 비자가 없으면 미국에 갈 수 없었다. 게다가 20대 후반의 미혼 여성에게는 비자를 잘 내주지 않는다는 소문에 자존심이 상해, 비자 없이도 바로 입국할 수 있는 유럽으로 방향을 틀었다. 프랑스가 내게 잘 어울릴 거라는 작곡가님의 조언도 있었고, 마침 어학연수로 프랑스에 가려던 친언니가 있어 함께 가기로 마음을 잡았다.

그렇게 단순한 이유로 정해진 우리의 도착 지점인 파리에 도착했는데, 대학생 때도 그리 열심히 하지 않았던 프랑스어가 졸업한 지 4년이나 지난 그 때에 귀에 들어올 리가 없었다. "봉쥬르(Bonjour)" 외에는 한 문장도 알아듣지 못하는 내 자신이 놀라워 집 밖을 나가기가 무서울 지경이었다. 어학원에 다니며 하루하루 조금씩 나아지는 재미를 맛보았지만, 어렵고 복잡한 프랑스어의 세계는 참 넓고 깊었다. 어학연수 7개월로는 결코 충분할 수 없다는 걸 깨달은 채로 음악학교에 진학해 버렸다.

파리에 도착해 어학 공부를 시작하고 3개월 동안은 아예 음악을 듣지 않았다. 파리로 도피를 오긴 했지만 음악 공부를 하겠다는 확고한 결심은 하지 못했었다. 일단 한국에서의 내 상황을 벗어나고 싶었던 것 같다. 그냥 프랑스어에만 빠져 지냈다. 어학원에서 만난 외국인 친구들과 더듬더듬 대화를 하고 서로의 집에 초대 받으며 외국인들끼리 프랑스 문화를 맛보며 즐기는 시간에 집중했다. 음악을 하겠다는 마음과 음악을 하지 않겠다는 마음, 두 갈등을 애써 외면하며 4개월의 어학연수를 보내니, 이제는 결정을 내려야 할 때가 다가왔다. 조심스레 다시 음악을 틀었다가 북받치는 감정에 눈물을 흘리며 결심했다.

'파리에서 음악학교를 다녀야겠다.'

처음에 다녔던 어학원은 학비가 다소 비쌌기에 선지급했던 4개월 과정을 마치고, 좀 더 저렴한 소르본 대학 부설 어학원으로 옮겨 본격적인 유학생 모드로 전환했다. 장기전이 될지도 모르는 유학 생활을 위해 소비를 줄이고 자금을 아껴 쓰기로 했다. 음악 용어를 익히기 위해 프랑스어로 된 화성학 책을 구입했고, 떠나오기 전 유학원을 통해 미리 준비해 두었던 음악학교 리스트를 꺼내 들여다보았다.

음악을 하겠다는 마음과 음악을 하지 않겠다는 마음,
두 갈등을 애써 외면하며 4개월의 어학연수를 보내니,
이제는 결정을 내려야 할 때가 다가왔다.
조심스레 다시 음악을 틀었다가
북받치는 감정에 눈물을 흘리며 결심했다.

'파리에서 음악학교를 다녀야겠다.'

파리 음악학교 C.I.M에 가다

음악학교 리스트 중 보컬을 받아 주는 학교 중 두 군데로 좁혀졌다. 실기 위주의 IACP와 유럽에서 가장 오래된 재즈 학교라는 C.I.M였다. 나는 음악학교를 다녀 본 적이 없기에 실기보다는 음악의 기초부터 시작하고 싶어 C.I.M을 택했다. 미팅을 잡으려 했지만 하필 휴가철이 시작되는 시점이라 미팅은 휴가가 거의 끝나갈 즈음에야 가능한 상황이었다. 본격적인 유학 생활을 시작하기 전에 한국에 다시 들어가 2주 정도 머물면서 코러스 녹음 세션 일도 좀 하고 필요한 짐들을 챙겨 다시 파리로 돌아왔다.

IACP는 비교적 깨끗하고 현대적인 건물이었다. 미팅을 따로 잡지는 않고, 학교 소개 팸플릿만 받아 왔다. 반면 C.I.M은 학교 입구가 맞는지조차 헷갈릴 정도로 낡은 문에 푯말도 없어, 한참을 두리번거리다가 누군가 들어가는 모습을 보고서야 따라 들어갈 수 있었다. 가장 오래된 학교답게 건물 내부는 파리의 오래된 아파트들처럼 바닥 나무가 삐걱거리고, 벽면은 여기저기 부서져 있었다. 한국이었다면 아무

* C.I.M (Centre d'Informations Musicales)은 1976년 파리에서 시작된 C.I.M은 유럽 최초의 재즈 전문 음악학교로, 즉흥과 창작, 그리고 자유를 가르치는 곳이다.
나윤선을 비롯한 수많은 뮤지션들이 이곳에서 자신만의 음악을 찾아 떠났다.

리 오랜 역사를 자랑하는 학교라 해도 이런 상태라면 학생 모집이 가능하지 않았을 것 같았다. 하지만 그곳에 있는 사람들은 전혀 중요하게 생각하지 않는 듯했다.

레벨 테스트 오디션 날짜가 잡혔다. 이 오디션 결과를 바탕으로 내 수업 분반이 결정된다. 합격·불합격이 걸린 것도 아닌데도 너무 떨렸다. 카리스마 넘치는 연주자 교수님 앞에서 노래를 부르는 것만으로도 긴장이 되었고, 그의 질문을 알아듣고 대답해야 한다는 스트레스 때문에 더욱 떨렸다. 내가 선택한 곡은 〈Misty〉였다. 노래를 마치자 긴장 탓에 목소리가 흔들린 것을 보시고는 "떨려서 그러는 거지?"라고 확인하셨고, 이어 "수업은 다 프랑스어야~"라고 말씀하셨다.

내가 신청한 수업은 두 명이 함께 받는 전공 레슨, 화성학, 리듬·시창·청음, 앙상블, 공연 관람 수업이었다. 그런데 첫 입학생의 경우에는 레벨이 높아야만 앙상블 수강이 가능하다는 사실을 한참 후에 남편에게서 알게 되었다. 학교에는 한국인은커녕 아시아인이 나를 포함해 단 두 명뿐이었다. 일본인 여자 보컬 한 명과 나. C.I.M에서 공부했던 한국인은 재즈 보컬리스트 나윤선 님뿐이었다. 당시는 나윤선 님이 막 졸업하고 잠깐 강의를 하신 뒤 학교를 떠난 지 얼마 되지 않았을 때라, 여러 사람이 나를 그분으로 오해하곤 했다. 학교 행정실 문에 붙어 있던 포스터 속 나윤선 님은 긴 머리였는데, 나도 같은 긴 머리여서 그들의 눈에는 동양인의 이목구비 차이가 크게 느껴지지 않았던 것 같다. 그래서인지 갑자기 내게 "봉쥬르, 윤!" 하고 인사하는 사람도 있었다. (학교에서는 나윤선 님의 이름 발음이 어려워 그냥 '윤'이라고 불렀다고 한다.) 또 어떤 이들은 나와 나윤선 님의 포스터를 번갈아 보며 "정말 비슷한데?" "아니야, 요나가 좀 더 어린 것 같아" 라는 대화를 나누기도 했다. 아무튼 나윤선 님 덕분에 한국인이 낯설지 않은 분위기였고, 게다가 이 분이 워낙 훌륭한 학생이셨기에 내게도 은근한 기대가 따랐던 것 같다.

한두 달이 지난 시점에 교장은 연주 전공생들을 자꾸 내게 인사시켜 주었다. "얘가 우리 학교에서 피아노 제일 잘 쳐!", "얘는 최고의 비브라폰 연주자야!" 하며 소개해 주셨지만, 내향적인 나는 부담스럽고 불편하기만 했다. 눈치도 없어서 그게 어떤 의미인지 전혀 이해하지 못하고, 속으로는 '아우, 왜 자꾸 소개하는 거야. 어쩌라는 거야...' 하고 투덜대며 어색하게 "봉쥬르~ 쎄 요나(안녕, 난 연아야)"만 던지고 휙 돌아서곤 했다. 외부 공연장(꽤나 알려진 Sunset이라는 재즈 클럽)에서 학생들이 공연하는 날에는, 객석 뒷자리에서 보고 있던 내게 교장이 다가와 "내년엔 네가 해야지?"라고 말씀하셨다. 이렇게 직접적으로 푸시를 받았는데도, 뭘 어떻게 해야 할지 몰라 어리숙하기만 한 신입생이었다.

수업은 재즈 위주였지만, 교내에서는 학생들끼리 다양한 장르의 밴드를 만들어 부족한 멤버를 찾는 메모가 게시판에 빈틈없이 붙곤 했다. 교장이 연주자들을 소개해 준 것도 사실은 "너희끼리 음악 한번 해 보렴~" 하는 무언의 추천이었다는 걸 5~6년이 지난 뒤에야 깨달았다. 그때 교장은 얼마나 답답했을까. 그래도 그 눈치 없던 동양 여자애가 한국에 돌아가 보컬 그룹을 하고 있다는 소식을 듣고 축하 메시지를 보내 주셨고, 페이스북으로 친구 신청까지 해 주셨다.

한국에서의 코러스 세션 경험은 내게 예민한 귀와 음감을 길러 주었기에 대부분의 수업은 어렵지 않았다. 칭찬도 많이 듣고 의욕도 생기던 즈음, 한국에서 날 기다리던 사람들의 연락이 빗발쳤다. 공부를 계속할지, 한국에 돌아가 앨범을 낼지 고민하다가 "앨범 한 장 내고 다시 돌아와 공부하면 두 마리 토끼를 잡을 수 있지 않을까" 하는 생각에 귀국을 결심했다. 학교 생활이 막 익숙해지려던 때라 아쉬움은 컸다. 1년 학기가 끝나는 6월에 귀국하겠다고 하니 회사 측의 불만이 상당해 결국 1년을 채우지 못하고 5월에 귀국했고, 곧바로 빅마마 연습에 들어갔다.

만약 그때 내가 공부를 선택했다면, 파리에 머물렀다면 내 인생은 어떻게 달라졌을까 늘 상상한다. 교장이 소개해 주던 연주자들과 밴드라도 시작했을까? 유럽의 각종 페스티벌에서 연주를 할 수 있었을까?

아쉬운 유학 생활

불어불문학과 시절부터 교수님께 발음을 인정받았기에, 내가 한 마디만 하면 프랑스어를 유창하게 하는 줄 알고 프랑스인들이 갑자기 너무 많은 말을 빠르게 쏟아내곤 했다. 그 말들에 기가 질려 슬며시 자리를 피하느라 주눅 들어 있던 시절이었다. 다행히 음악은 언어가 잘 통하지 않아도 할 수 있기에 수업을 따라가는 것에는 큰 문제가 없었지만, 반 친구들과 대화나 농담을 할 수가 없기에 친구가 그리웠다.

수업 전에 옆에 앉은 아이가 농담을 하자 모두가 웃었는데, 나는 알아듣지 못했지만 그냥 따라 웃었다. 그때 느낀 자괴감은 언어 공부를 해 본 사람이라면 다 알 것이다. 또 한 번은 알아들었다고 생각하고 농담을 받아쳤는데, 상대방의 표정이 어딘가 이상했다. 집에 돌아와 곱씹어 보니 비슷한 단어를 잘못 알아듣고 전혀 딴소리를 한 것이다. 하루는 친구들끼리의 파티에서 프랑스어 스트레스에 너무 지쳐 못 알아들었다고 당당하게 이야기했더니, 오히려 상대가 당황하며 애써 다른 말로 설명하는 모습을 보고 깨달았다.

'맞아. 내가 한국에만 살던 한국 사람인데, 프랑스어를 못하는 게 무슨 문제람? 모르는 게 창피한 일은 아니지!'

그 이후에는 알아듣지 못하는 것을 당당하게 말할 수 있게 되었다. 이런 경험 덕분에 지금도 내가 모르는 것을 감추지 않을 수 있게 되었다. 모르는 것은 모른다고 말할 수 있는 용기가 필요하다.

외국어 때문에 혼자만의 학교생활이 싫고 친구가 필요하다고 느끼던 시기에, 나에게 먼저 말을 걸어 온 남학생이 있었다. 자기도 아버지가 이탈리아 출신 외국인이라며 공감대를 어필하던 그 해맑은 4살 연하 남학생은, 월요일마다 같은 화성학 수업을 들었기에 수업을 마치고 지하철역까지 함께 걸었다. 학교가 있던 파리 18구는 분위기가 다소 험해 혼자 밤길을 걷기가 무서웠는데, 두려움 속에 긴장하던 하교길을 같이할 친구가 생긴 것이 무척 반가웠다. 그렇게 하교만 함께 하며 별다른 친분은 없었던 몇 달이 지나고, 몇 번의 만남 끝에 우리는 친구가 아닌 연인이 되어 버렸다. 하지만 이때는 이미 빅마마 결성을 위해 한국으로 돌아가기로 결심한 이후였다. 귀국을 한 달 앞둔 시점에서야 대학 시절의 작은 꿈이었던 C.C.(Campus Couple)를 실현하게 되었지만, 그 달콤함은 오래가지 못했고, 결국 샤를 드골 공항을 눈물바다로 만들고 나는 한국으로 귀국했다.

Power of Love

"몸이 멀어지면 마음도 멀어진다"라는 말이 모두에게 해당되는 건 아닌 것 같다. 순수한 사랑을 꿈꾸던 두 젊은 연인, 그것도 만난 지 한 달밖에 되지 않은 우리는 비싼 해외 전화카드를 수없이 구입해 가며 지구 반대편으로 연결된 사랑의 끈을 끝까지 놓지 않았다.

한국이란 나라가 어디 있는지도 몰랐고, 집 근처 한국 식당 간판을 보며 "이렇게 생긴 게 한 나라의 언어일 리 없다"고 확신했던 이탈리아계 프랑스인 남자친구가, 내가 귀국한 해 여름방학에 우리나라에 찾아왔다. 그는 신발을 신은 채 저벅저벅 우리집에 들어와서는 처음으로 외국인을 본 엄마에게 덥석 프랑스식 '비쥬'(포옹하며 양볼에 입맞춤하는 인사)를 해대던 첫 만남을 시작으로, 두 달 동안 나와 엄마와 한 집에서 함께 지냈다. 나는 빅마마 일정 때문에 매일 집을 나서야 했고, 그는 하루 종일 나를 기다리다 밤이 되면 치킨을 시켜 먹는 것이 전부였다. 그렇게 2개월이 지나 돌아가는 날, 그의 몸무게는 무려 10킬로그램이나 늘어나 있었다.

2개월 동안 혼자 집 밖을 나간 적 없이 나만 기다리는 모습에, '저렇게 오래 지속할 수는 없을 거야. 저러다 말겠구나...' 싶었는데 파리

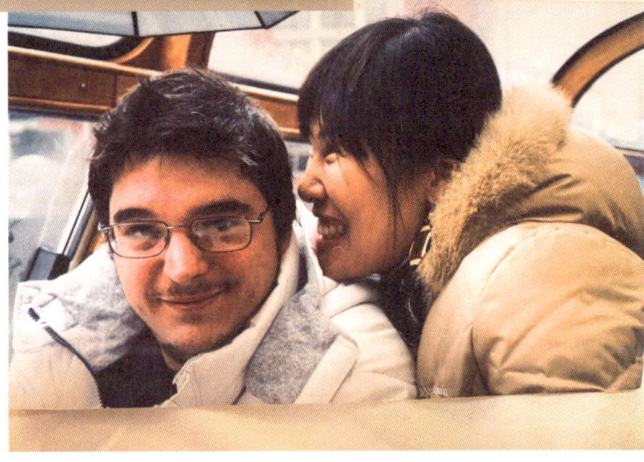

나는 빅마마 일정 때문에 매일 집을 나서야 했고,
그는 하루 종일 나를 기다리다 밤이 되면
치킨을 시켜 먹는 것이 전부였다.
그렇게 2개월이 지나 돌아가는 날,
그의 몸무게는 무려 10킬로그램이나 늘어나 있었다.

로 돌아가서도 변함없이 시차를 뛰어넘는 전화 연애가 지속되었다. 통화하기 위해 남편은 빨리 집에 들어왔고, 난 전화기를 귀에 댄 채 졸기도 하면서 지구 반대편을 향한 전화선에 서로 매달려 있었다. (휴대폰으로 걸면 1시간 만에 몇만 원이 날아가기에 유선전화로 걸어야 했다.) 그렇게 1년 가까운 시간을 보냈다. 보고 싶을 때 볼 수 없고, 대화하고 싶을 때 대화할 수 없는 연인의 시간은 잔잔한 아련함과 아쉬움이 쌓여갔다. 그러던 어느 늦은 밤, 통화를 하다 갑자기 내가 제안을 했다.

"한국에 올래?"

불쑥 꺼낸 이야기인데 남편의 반응은 의외로 긍정적이었다.

"어? 그 생각을 못 해봤네?"

그는 다음 날 바로 연락이 왔다.

"아침에 부모님께 한국에 간다고 말씀드렸어!
여기 마무리 정리하고 한국 갈게!"

내가 무슨 짓을 한 것인가... 이렇게 현실로 당장 다가올 거라고는 예상을 못 했다. '자기 인생을 마치 탈선한 기차처럼, 완전히 다른 길로 접어들 일을 이렇게 단 하루 만에 결정할 수 있다니', 그의 아버지조차도 이탈리아를 떠나 프랑스에서 살고 계셨기에 타국에 가는 걱정스러운 아들의 한국행을 굳이 막지는 못하셨다. 그리고 그로부터 3개월 뒤, 큰 캐리어 가방 하나를 들고 활짝 웃으며 인천공항에 그가 도착

했다.

2004년, 남편이 한국에 '살러' 왔던 그 시기엔 국제 커플이 많지 않았다. 외국인들이 먹을 만한 음식도 별로 없었기에 그나마 입에 맞는 음식이라고는 치킨밖에 없어서 거의 매일 치킨만 먹었다. 다행히 집 근처에 프랑스 마트인 까르푸(Carrefour)가 있어서 한두 종류의 치즈는 살 수 있었다. 사랑을 찾아 지구 반대편으로 무작정 날아온 프랑스-이탈리아 혼혈 청년은, 비자를 얻기 위해 생전 처음으로 고급 카페 겸 바의 웨이터로 취직을 했고 매일 8시간씩 꼼짝없이 서서 일을 하다 디스크 증세가 와서 1년 만에 그만두게 되었다. 그래도 본국으로 돌아갈 생각은 전혀 하지 않는 걸 보며, '뭐든 끝까지 하는 사람이구나.' 하는 믿음을 갖게 되었다.

그는 바에서 일을 그만두고 나니 무언가 다른 일을 찾아야겠다 싶었는지, 파리 소르본 1대학 철학 전공이라는 졸업장을 살리는 게 어떨까 하는 생각이 들어 졸업장을 들고 무작정 프랑스어 학원을 찾아갔다. 당장 일을 얻진 못했지만 오래지 않아 연락이 왔고, 그렇게 프랑스어 강사가 되어버렸다. 철학을 졸업하고 음악을 꿈꾸며 음악학교에 왔다가 처음 보는 한국 여자와 사랑에 빠져 지구 반대편으로 와버렸고, 뜻하지도 않은 프랑스어 수업을 참 오랫동안 하게 된 그의 인생은 그야말로 '사랑의 힘'으로 버텨낸 결과물이다.

나는 빅마마 활동을 오래 할 줄 몰랐고, 무엇보다 내가 하는 앨범이 잘 될 거라고는 전혀 예상하지 못했기에 1년 후에 프랑스로 돌아가려던 나의 계획은 물거품이 되었고, 오히려 프랑스 남자친구가 한국에 와버리는 뜻밖의 상황이 연출되었다. 인생은 계획대로만 돌아가지는 않는 법이니, 그에 맞춰 그때그때 계획을 수정하는 수밖에 없다. 어차피 산다는 것은 여행과도 같은 것이니, 돌발 상황에 당황하지 않는 것이 더 중요하다.

남자친구가 한국에 와 결혼까지 했지만, 나는 빅마마 계약이 끝나면 다시 프랑스로 돌아가겠다는 생각을 늘 품고 있었다. 그래서 새 가구도 사지 않고 재활용 가게에서 중고 가구를 구입해, 몇 년만 임시로 버티자는 마음으로 살았다. 원래 프랑스 사람들은 중고나 재활용품을 애용하는 습관이 몸에 배어 있기에 나나 남편이나 버려진 물건들을 주워 사용하는 것에 거부감이 전혀 없었다. 게다가 우리나라에서는 버려진 물건들도 꽤 쓸 만한 게 정말 많았다. 눈썰미 좋은 빠리지앵 남편은 거리에서 괜찮은 무언가(조명등, 의자, 작은 탁자, 책장 등등)를 자주 주워왔고, 그게 또 나름 필요한 때가 많았기에 그렇게 우리들만의 방식으로 지냈다. (그 시절엔 중고 온라인 거래가 활발하지 않았다.)

물질은 물질일 뿐, 사람의 마음을 모두 담을 수는 없다. 불편한 유럽에 살던 남편과 그 생활을 아는 나는 웬만해서는 불편해하지 않는 습관이 있어서 그냥 적당히 불편함을 즐기며 살고 있다. 언제 떠날지 모른다는 생각 덕분에 값비싼 물건에 쓸 돈을 아끼게 되는 장점이 있었다. 한국에 살기로 마음먹은 이후로도 이 습관이 남아 있어서, 무언가를 구매하기 전에 아주 오래 생각한다. 자주 쓸 가전제품이 아니면 웬만하면 사지 않는다. (하지만 기타나 스피커만큼은 사치스럽게 사)

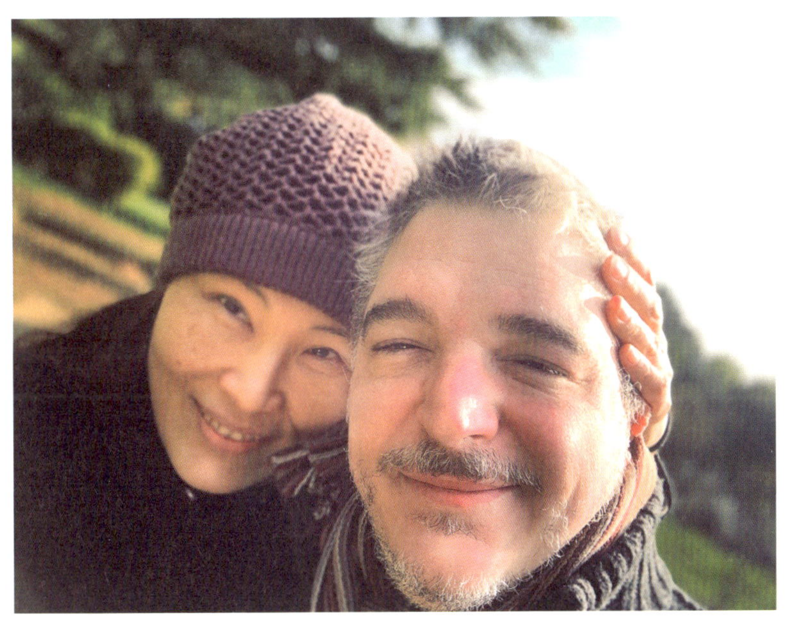

나는 빅마마 활동을 오래 할 줄 몰랐고,
1년 후에 프랑스로 돌아가려던 나의 계획은 물거품이 되었고,
오히려 프랑스 남자친구가 한국에 와버리는
뜻밖의 상황이 연출되었다.
인생은 계획대로만 돌아가지는 않는 법이니,
그에 맞춰 그때그때 계획을 수정하는 수밖에 없다.
어차피 산다는 것은 여행과도 같은 것이니,
돌발 상황에 당황하지 않는 것이 더 중요하다.

공부에는 때가 없다?

유학 생활 2년 차에, 한국행으로 짐을 싸면서 한 생각은, '앨범 한 장 하고 다시 와서 공부해야지!'였다. 하지만 빅마마 1집이 성공을 거두는 바람에 나의 프랑스행은 일단 계약 만료 이후로 연기됐다. 3년 6개월 계약 기간 동안 정말 바쁘게 3개의 정규 앨범과 크리스마스 앨범, YG패밀리 라이브 앨범 등을 출시하고 투어 공연이 지속되었다. 그 계약을 마친 후에야 프랑스로 돌아가 남은 공부를 하려는 나를 붙잡은 건 다름 아닌 프랑스인 남편이었다. 이미 본인도 한국으로 거주를 옮긴 상태이기도 했고, 음악 활동의 터전이 단단해진 한국에서 다시 프랑스로 가는 것보다 지금의 상황을 좀 더 이용하는 게 현명한 결정이라고 설득했다. 그렇게 다시 주저앉아 다른 회사와 계약을 해 버렸다. 솔직히 말하자면, 그때 돌아가지 않은 걸 지금까지도 후회한다.

공부는 나중에도 할 수 있다는 생각은 맞다. 하지만 유학은 다르다. 할 수 있는 시기가 따로 있다. 한국에서 하면 되지 않느냐고? 음악 공부야 어디서든 할 수 있지만, 유학 시절에는 음악만 배우는 것이 아니다. 특히 프랑스에서의 예술인은 다르다. '프랑스에서의 나'와 '한국에서의 나'는, 써내는 곡이 달랐다. 그곳에서의 내 정서와 긴장감은 새롭고 창의적인 음악으로 발현되었다. 또한 타지 생활은 체력을 요한다. 그리고 내가 프랑스에서 하고자 했던 것은 공부만이 아니라 그곳에서의 음악 활동이었기에 더욱 체력이 필요했다. 프랑스의 음악 시장은 한국보다 훨씬 크다. 그리고 프랑스의 음악은 유럽 음악 시장의 중심이다. 각종 페스티벌도 많고, 지방에도 숱한 공연들이 늘 열리며, 예술을 사랑하는 대중들의 존경과 사랑이 넘쳐났다. 예술을 사랑하는 사람들 속에서 예술가로 살아가는 행복감에 대한 갈망이었다.

프랑스에서의 나, 한국에서의 나

R&B, SOUL 같은 장르를 선호했던 20대가 지나가니, 보사노바, 쿨 재즈, 라틴 음악 등 다양한 장르에 마음이 가기 시작했다. 휘트니 휴스턴, 파트리시아 카스를 선망하던 내가 다이도(Dido)와 스테이시 켄트(Stacey Kent)와 멜로디 가르돗(Melody Gardot)을 사랑하게 되었고, 가창력으로 인정받는 그룹의 리더인 내가, 가창력보다는 감성을 전달하는 음악에 귀가 더 열리게 되었다. 보컬적인 기량을 보이는 것에 재미있어하던 20대가 지나고 나니, 자랑하는 노래보다는 공감하는 노래를 하고 싶어졌다.

학생들과 이야기를 나누다 보면, "제게 어떤 음악이 잘 맞는지, 뭘 해야 할지 모르겠어요."라는 고민을 자주 듣는다. 나도 그랬던 것 같다. '내게 맞는 장르가 뭘까, 난 어떤 음악을 해야 할까?'... 돌이켜보니 자기에게 어떤 음악이 어울리는지, 어떤 음악을 해야 하는지와 같은 질문은 상당히 수동적이고 상업적이며 한국적이다. 프랑스에 있을 때, 학교에서 만난 모든 학생들은 하나같이 자기가 뭘 하고 싶은지 알고 있었다. 나만 '어떤 음악이 어울리는지, 어떤 음악을 해야 하는지'라는 질문을 갖고 있는 것 같았다. 어울리는 옷만 입어야 한다고 생각했었던 건가, 안 어울리면 남들이 뭐라 할 것 같았던 건가? 아님 성공

하기 좋은 음악이 어떤 건지 모르겠단 의미였을까? 그 질문 속에 숨어 있는 마음을 들여다본다. 하나같이 자신이 원하는 음악을 알고 있던 그 외국인 친구들은, 어울리든 안 어울리든, 내가 하고 싶은 걸 할 거란 마음이 내재되어 있었던 거다. 이제는 대답을 알고 있다. '하고 싶은 걸 하면 되고, 오래 하다 보면 잘하게 된다.' 하고 싶은 게 뭔지 모르겠다면 더 많은 음악을 들어 보고, 알 때까지 자신에 대해 더 생각하면 답이 나온다. 빨리 해결하고자 할 때, 우린 길을 잃는다. 허둥대게 되고 조급해진다. 머리가 멍해지면서 '나는 누구? 여긴 어디?' 하게 된다.

'나'를 바라보는 습관은 유학 시절부터 시작되었다. 늘 일기를 쓰는 습관은 있었지만, 내 상태를 솔직하게 들여다보는 힘은 부족했다. 그런 내가 20대의 끝자락에 떠난 유학 시절은 평생 동안 '나 자신을 똑바로 바라볼 수 있는 능력'을 갖게 해 주었고, 그런 시간의 중요성을 깨닫게 했다. 이것이 길지 않았던 내 유학 시절을 아직도 그리워하는 이유이기도 하다.

track 4

내 안의 음악 찾기

자유로움

빅마마 활동이 중단되었을 때, 누군가 내게 물었다. 큰 무대가 그립지 않으냐고. 한 번도 생각해 본 적 없는 질문이었다. 음악을 하지 못하는 것은 힘든 일이었지만, 무대 자체가 그리운 적은 없었다. 눈앞을 가득 메운 관객들의 휘둥그레진 눈빛은 선명히 각인되어 있지만, 그것만으로도 충분했다. 한 번 경험한 것만으로 족했으니까. 나는 무언가에 중독되는 것을 좋아하지 않는다. 중독은 곧 구속이었고, 나는 무엇보다 그 구속을 싫어했다. 점점 더 선명해지는 내 꿈은, '자유로운 음악인'이다.

'자유로운 음악인'의 조건은 생각보다 까다롭다. 자유란 곧 독립을 뜻하기도 하기에, 스스로 음악을 만들고 제작할 때 비로소 진정한 자유로움에 다가설 수 있다. 나는 오랫동안 소속사에 몸담으며, 그곳에 속한다는 것이 곧 "당신의 요구에 응하겠다"는 묵시적인 타협을 전제한다는 사실을 누구보다 잘 알고 있었으며, 게다가 이제는 나에게 그런 요구를 할 회사가 있을 것 같지도 않았다. 그래서 나는 결국 "독립 뮤지션"의 길을 선택했고, 그렇게 첫 솔로 앨범 Vagabonde를 혼자 제작했다.

'자유로운 길'은 동시에 외로운 길이기도 했다. 곡을 쓰고, 가사를 붙이고, 녹음을 하고 모니터링하며, 모든 결정을 스스로 내리고 유통사를 찾고, 앨범 소개 글까지 직접 써 내려가며, 진정한 "내 앨범"을 한 땀 한 땀 만들어 가는 즐거움이 있었지만, 늘 회사의 지원 속에서 북적이며 돈 걱정 없이 앨범을 만들던 예전과는 정반대의 상황 속에서 약간은 외로운 것 같았다. 외롭다는 생각이 들면 위축되고 겁도 난다는 것을 깨달았다. 첫 솔로 앨범 발매 공연을 홍대에서 마치고 혼자 차를 몰고 돌아오던 길, 나를 위로해 준 생각은 단순했다. '처음이라 그런 거야. 다음번엔 좀 더 편안해질 거야.' 그리고 그 생각은 맞았다. 두 번째 앨범에서는 그동안 시간을 함께 맞춰온 연주자들이 친구가 되어 즐겁게 녹음을 했고, 혼자 귀가하는 길이었지만 콧노래가 나왔다.

무엇이든 '처음'은 긴장되고 어색하다. 그래서 겁이 나고, 외롭기도 하다. 하지만 한 번 지나가고 나면 '처음'은 사라진다. 지금 그 '처음'을 걷고 있는 사람들이 있다면, 너무 외로워하지 않기를, 아니 그 시간을 그냥 덤덤히 밟고 지나가라고 조언해 주고 싶다. 가끔, 너무 예민한 것은 스스로를 아프게 하니까 일부러 무디게, 덤덤하게 받아들이는 게 좋다. 스스로를 너무 가엾게 여기면, 그 생각에 빠지게 되고 그때 우린 슬퍼지니까.

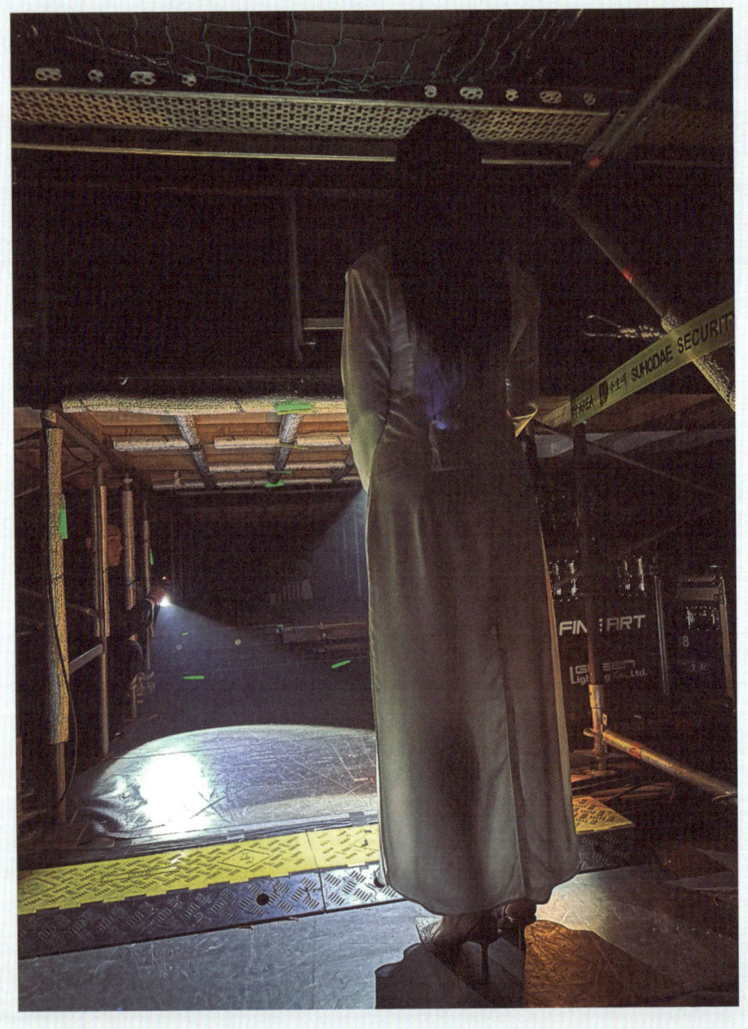
SUHODAE SECURITY

나는 무언가에 중독되는 것을

좋아하지 않는다.

중독은 곧 구속이었고,

나는 무엇보다 그 구속을 싫어했다.

점점 더 선명해지는 내 꿈은,

‘자유로운 음악인’이다.

벼랑 끝에서 만난 신연아 밴드

이제 앞으로 혼자 어떻게 음악을 계속할 수 있을까 고민하던 시기, 벼랑 끝에 내몰린 기분이었다. 용기도 의욕도 없던 시기에, 누군가의 권유를 핑계로 내 앨범을 만들려고 하니, 일당백의 실력 있는 뮤지션이 필요했다. 대중가요 앨범을 만들 때처럼 여러 악기를 쓰며 비용을 들일 수 없으니, 악기 소리만으로도 충분히 꽉 채울 수 있으며 라이브로도 앨범과 동일한 사운드를 낼 수 있는 실력 있는 연주자를 찾아야 했다. 그런 생각은 재즈 연주자로 귀결되었고, 내 음악을 멋지게 해석해 줄 연주자를 찾아 나섰다. 재즈 클럽과 공연장을 기웃거렸고, 여기저기 수소문도 해서 지금의 '신연아 밴드' 멤버들을 찾았다.

대중음악 밴드가 독점적으로 멤버를 묶는 것과 달리, 재즈 뮤지션들은 한 밴드에만 속하지 않는다. 여러 장르를 하고자 하는 음악적 욕구가 강하기도 하고, 시장성이 크지 않은 이유 때문인지 정확히 알 수는 없지만, 하나의 밴드를 하고 있어도 다른 성향의 또 다른 밴드의 멤버로 활동하는 경우는 재즈계에서는 아주 흔히 볼 수 있다.

처음엔 이 밴드와 앨범 제작과 공연 한 번 정도로만 이야기하고 합주를 시작했었다. 서로의 합을 맞춰 봐야 앞으로의 지속성을 가늠할 수 있을 테니까. 그렇게 구상을 하고 있던 중, 3대 아코디오니스트 중 한 명으로 꼽히는 마크 베르뚜미유(Marc Berthoumieux)가 프랑스에서 내한한다는 소식을 듣게 되었고, 곧바로 녹음 일정을 잡았다. 내 앨범에 특별한 사운드를 선물할 아코디오니스트가 한국에 온다니, 무조건 녹음 일정을 맞춰야 했다.

피아노 비안, 기타 박윤우, 베이스 김성수 연주자와 함께 마크의 녹음이 시작되었다. 한국에 입국하자마자 7시간 동안 3곡을 동시 녹음하는 빡빡한 일정을 웃는 얼굴로 해내는 마크를 보며, 진정한 프로라는 생각이 들었다. 마크의 연주는 나머지 연주자들에게 좋은 자극이 되어 싱싱한 활어 같은 연주를 이끌어냈다. 네 악기를 한꺼번에 녹음하는 방식은 재즈에서는 흔한 녹음 스타일이다. 그들의 연주는, '정말 이제 나만 잘하면 되는구나...' 하는 부담을 줄 만큼 훌륭했다.

그렇게 만들어진 앨범을 라이브로 실현해 줄 아코디오니스트가 필요했고, 국내에서 독학으로 아코디언을 연주한다는 데이브 유를 만나게 되었다. 알고 보니 그는 프랑스에서 피아노를 공부했고, 심지어 내가 한국으로 귀국하기 전 아는 뮤지션과 함께 만난 적도 있는 사이였다. 지구는 생각보다 작고, 인연은 생각보다 강했다. 그렇게 연결된 인연으로 지금까지 12년째 '신연아 밴드'로 함께 공연을 다니고, 미니 앨범도 출시했다. 기타의 준 스미스는 준멤버라 할 정도로 미니 앨범에 참여해 연주를 해 주었고 공연에도 여러 번 함께했다. 미니앨범에서부터 베이스에 송미호 씨가 연주해 주었고 지금까지 함께하고 있다.

무작정 1집을 발매했는데, 우연치않게 도와주시는 분들이 나타났다. 플러스히치의 김충남 씨 리드로 '온스테이지 공감' 촬영을 하게 되었고, 이어서 '재즈, 와인에 빠지다'라는 공연에도 참여할 수 있었다. 그때의 만남과 경험들이 지금의 나를 버티게 해 주는 뿌리가 되었다.

내 인생은 '그룹' 인생이다. '빈칸채우기'에 이어, '빅마마', 이제는 '신연아 밴드'로 함께 음악을 하고 있다. 역시 나 혼자 잘한다고 되는 일이 아닌 게 맞다. 하지만 물론 내가 잘해야 좋은 음악인, 좋은 사람들과 함께 할 수 있다. 존경스러운 연주 실력만큼이나 인성도 훌륭한 우리 밴드 멤버들에게 진심으로 감사하고 사랑한다는 말을 이곳에 조용히 적어 본다. 아무 계획 없이 덜컥 앨범만 만들어 낸 나를 믿고, 지금까지 무대를 내어 주신 공연 기획자님들께도 진심으로 감사와 감동을 전하고 싶다.

"당신들과 함께여서 정말 행복해요!"

내 인생은 '그룹' 인생이다.

'빈칸채우기'에 이어, '빅마마', 이제는 '신연아 밴드'로

함께 음악을 하고 있다.

역시 나 혼자 잘한다고 되는 일이 아닌 게 맞다.

하지만 물론 내가 잘해야 좋은 음악인, 좋은 사람들과 함께 할 수 있다.

존경스러운 연주 실력만큼이나 인성도 훌륭한

우리 밴드 멤버들에게 진심으로 감사하고 사랑한다는 말을

이곳에 조용히 적어 본다.

프랑스적인 한국인

그 시절(나는 92학번이다) 내가 다녔던 불어불문과의 분위기는 마치 작은 프랑스 같았다. 학과 특성상 여학생이 대부분이었고, 다소 개인주의적인 분위기였다. 당시 대부분의 학과 분위기는 집단주의 그 자체였는데, 프랑스 문화를 배우는 우리과 학생들은 프랑스인 성향까지 닮아 각자의 생각과 주장이 뚜렷하지만, 서로에게 전혀 피해를 주지 않는 성향들이었던 걸로 기억한다.

프랑스어를 전공으로 선택한 이유는 그 언어의 소리가 음악적으로 들려서였다. 고등학교 때부터 프랑스어를 발음할 때 기분이 좋았다. 산들거리는 봄바람이 내 입에서 만들어져 향기로 뱉어지는 느낌이랄까? 공기가 많이 섞인 프랑스어는 듣는 사람들에게도 남다르게 각인되는데, 막상 그 발음을 제대로 하려면 입안 근육과 후두, 입술 근육까지 다양한 부위의 긴장이 필요하다. 책 한 페이지를 소리 내어 읽고 나면 입 주변이 얼얼한 게 정상이라고 말씀하셨던 불어학 교수님 말씀이 아직도 기억난다.

프랑스어 발음이 너무 좋아, 음악에 빠지기 전까지는 매일매일 소리 내어 프랑스어 책을 읽었다. 제대로 발음을 하면, 바람에 휘날리는 머플러에 썬글라스를 끼고 당당하게 걸어가는, 꾸미지 않아도 멋이 느껴지는 파리지엔느가 된 것 같은 기분이었다. 상당히 열심히 발음 공부를 한 덕에, 파리 소르본느 어학원 선생님으로부터 "파리지엔느 남자친구 있느냐, 어디서 공부했느냐"는 질문을 받은 적도 있었다. 하지만 거리에서 길을 묻는 내게 진정한 프랑스인의 똘레랑스(Tolerance: 관용)를 보여 준 진짜 파리지엔느를 만나는 순간, 내 발음은 여전히 외국인이라는 자각이 들었다. 그녀의 프랑스어는 목소리 톤의 음정부터 달랐다. 끝 음정이 살짝 높은 편이었고, 부드러운 공기 반 소리 반이 제대로 섞여 있었으며, 언어의 필수 옵션은 친절한 눈빛과 우아한 행동이라는 걸 보여주었다. 예의 바르면서 딱딱하지 않고, 자연스러우면서 가볍지 않은 미소와 손동작은 그 자체로 우아해서, 같은 여자인 나도 당장 사랑에 빠질 것 같았다. 24년이 지난 지금도 잊혀지지 않는 장면으로 기억되는 걸 그녀는 모르겠지?

언어는 문화의 일부이기에, 단순히 말을 한다고 해서 그 언어를 온전히 이해한 것은 아니다. 말 속에는 그 언어를 사용하는 사람들의 가치관과 관습, 역사가 담겨 있기 때문이다. 그래서 외국어를 오래 구사하며 그 사회에서 살아간다면, 어느 순간부터는 그 사회 사람으로 반쯤 변해가는 것 같다. 내가 프랑스에 머문 시간은 길지 않았지만, 프랑스인 남편과 프랑스에 계신 시부모님을 뵈러 거의 매년 그곳을 찾았고, 자연스레 그 문화를 경험하면서 이제는 나도 제법 프랑스적 사고방식과 생활양식에 익숙해져 있다. 돌아가신 시부모님은 프랑스 자유연애 사상이 한창 고조에 달했던 1960년대를 청년 시절로 보내신 분들이었다. 이어 1970년대에는 문화혁명이 일어나며, 그 시절 프랑스에서는 많은 가치관이 뒤집히고 새롭게 정립되었다고 들었다.

일례로, 두 시부모님은 결혼하지 않은 채 평생을 동거하며 함께하셨다. 당시 페미니즘이 뿌리내리던 시기를 겪으신 터라, 어머님은 결혼을 원치 않으셨던 것이다. 동거인 등록 제도인 PACS(Pacte Civil de Solidarité)가 있었기에 결혼하지 않아도 각종 세금 혜택과 사회보장 제도를 보장받고, 보호자로서 법적 권리를 똑같이 누리며 아이의 출생신고도 할 수 있었다. 어쩌면 그 덕분이었는지도 모르겠다. 헤어질 땐, 결혼과 달리 한쪽의 일방적 통보만으로도 해지가 가능하고, 상속이나 재산권 분할은 하지 않는다. 그래서 결혼은 정말 원하는 사람만 선택하는 옵션으로 자리 잡게 된 것이다. 결혼하지 않아도 평생을 함께 산다는 것이야말로 진정한 사랑이 아닐까 하는 생각이 들었다. 마음이 떠나면 가차 없이 돌아서는 것이, 역시 로맨틱한 프랑스답다. 부모님이 결혼하지 않으셔서인지 남편도 결혼에 대해 크게 생각하지 않았었다. 외국인 커플이 다른 국가에 거주할 수 있는 가장 쉬운 방법이 결혼 비자라서 결혼을 하게 되었는데, 우리가 같은 국적의 커플이었다면 나 또한 PACS 제도를 선택했을 것 같다.

반면 한국 생활 20년 차에 이르는 남편은 오히려 결혼이 더 아름답다는 결론을 얻었다고 한다. 서로 모든 것에 책임을 지고, 서로에게 진정한 '보호자'가 되어 주는 결혼 제도의 본질이 진정한 '사랑'에 더 가깝다고 느꼈다는 것이다. 어떤 제도든 그 본질은 선하다. 부작용을 낳는 건 모두 인간의 이기심, 사랑이 끝나고도 거두지 못하는 집착과 미움, 그리고 경제적인 이유 때문이다. 언제든 헤어질 수 있고 떠날 수 있다고 생각하면, 오히려 더 마음에 집중하게 된다. 무엇 때문에 엮여 있는 관계가 아닌, 정말 '사랑해서' 함께하는 관계임을 깨달아야 노후에도 손잡고 산책할 수 있는 사이가 된다. 물론 그런 관계를 지켜 주는 것은 변하지 않는 매너, 눈빛, 말투다. 모든 관계에서 '본질'에 대해 생각하는 내 버릇은 프랑스적인 사고방식과 닮아 있다. '순수함'이 여전히 내게 중요한 요소인 이유인지도 모르겠다.

이런 생각들은 내 음악에도 고스란히 드러난다. 사랑 자체에 대한 고찰, 사회에 대한 비판적 시선, 부조리한 것들에 대한 분노 등을 노래로 만들어 부르곤 한다. 이런 주제들이 우리나라 관객에게 너무 무겁게 들리지 않을까 고민하면서도, '이게 나인 걸 어쩌겠나. 생긴 대로 음악하는 거지.'라는 생각으로 결론짓는 것 또한, 있는 그대로의 자신으로 살아가는 프랑스 스타일인 것 같다.

프랑스 대중음악을 이야기하자면, 재즈적인 요소가 제법 자주 숨어 있다. 물론 지금은 힙합이나 K-POP의 영향이 크지만, 내 세대의 곡들은 (그래, 나 옛날 사람 맞다) 멜로디가 텐션 음인 경우도 많았고, 재즈 연주자가 대중음악 무대에 함께 오르기도 했다. 무엇보다 가사가 정말 아름다웠다. 내가 지향하는 음악이 바로 이것이었다. 재즈와 가요의 경계를 넘나드는, 그 중간 지점의 음악. 멜로디는 노래이지만, 뒤의 연주는 재즈만큼 풍성하고, 가사는 깊이와 울림을 지닌 음악. 두 마리 토끼를 잡고 싶은 마음이었는데, 지금 돌아보니 이도 저도 아닌 홀로 서 있는 장르인 것 같기도 하다. 어쩌면 프랑스에서만 통하는 특별한 음악적 기호를 우리나라에 접목하려 했던 것은 아닌지, 살짝 반성해 본다.

프랑스 성향에서 훌륭하다고 생각하는 점은, 타인이 나와 다른 생각을 해도 쉽게 비난하지 않는다는 것이다. 토론 문화가 발달했으니 정치인들이나 TV 속 패널들이 비판하고 토론하는 것은 당연한 일이지만, 실제로 일반 시민들까지도 서로 다른 생각을 가진 친구나 지인, 집단을 있는 그대로 받아들인다. 이런 자세는 본받을 점이다. 반면 우리나라 문화는 타인에게 관심이 많다 보니, 언제부턴가 타인의 의견조차도 나와 같아야 한다는 인식이 자리 잡은 듯하다. 나와 다른 생각에 대해 비난과 증오를 표출하는 방식에 문득문득 놀라고 걱정이 된다. 집단 문화에 익숙한 우리 사회에서 개인주의는 '혼자 마음대로 행동해도 된다'는 식으로 잘못 받아들여진 것 같다. 하지만 내 자유를 위해 타인에게 피해를 주어도 된다고 생각하거나, 내 권리를 위해 타인의 양보를 강요하는 태도는 지양해야 한다. 서양의 민주주의가 자리를 잡기까지 수백 년이 걸렸듯, 우리 사회도 성장하고 있는 과정의 모습이라 여겨지지만, 사회적 스트레스가 많은 비교 문화 아래서 건강한 사고력으로 잘 성장할 수 있을지 걱정이 된다. 모든 사회에는 나름의 문제가 있다. 요즘 프랑스는 한국보다도 더 복잡한 문제들로 골머리를 앓고 있다. 서로 다른 사람들을 지구 위에 흩어 놓고, "너희끼리 한번 잘 지내 보라"는 것이 신이 우리에게 내린 숙제라는 생각이 든다. 이것이 형벌이 아니라 선물로 받아들여지기를, 나와 다름이 오히려 관심의 대상이 되는 순간이 더 많기를 바란다.

프랑스 성향에서 훌륭하다고 생각하는 점은,
타인이 나와 다른 생각을 해도 쉽게 비난하지 않는다는 것이다.
토론 문화가 발달했으니 정치인들이나 TV 속 패널들이
비판하고 토론하는 것은 당연한 일이지만,
실제로 일반 시민들까지도 서로 다른 생각을 가진
친구나 지인, 집단을 있는 그대로 받아들인다.

track 5

무대이야기

빅마마의 일본 진출 시도

솔직히 난 사람에 대한 기억력이 그리 뛰어나지 못하다. 코러스 녹음 세션을 할 때 같이 작업했던 사람이라고 인사를 해 와도 잘 기억이 나지 않는 경우가 허다하다. 왜 그럴까 생각해 보니, 그 시절의 나는 내 자신의 고민에 빠져 다른 사람들을 잘 쳐다보지 않았다. 녹음실에 가면 녹음을 빨리 마치고 돌아올 생각만 했고, 집에 오면 내 연습하고 음악 듣고 혼자 비디오 보는 게 전부였던 시절이었다. 20대의 나는 온통 내 안의 나와 싸우느라 시선이 내 안으로만 향해 있었다. 직관적으로 보면 기억하는 스타일이 아닌 사람이 주의조차 기울이지 않으니, 아예 기억 목록에 들어오지도 못한 나날들이 많았던 거다. 게다가 난시로 시력이 안 좋고, 걸어가면서 사람들을 쳐다보지 않는 습관까지 있어서 일부러 모른 척 했다는 오해를 사기도 한다. 현재든 과거든 돌이켜 곱씹을 시간적 여유 없이 살아온 이유도 있겠다. 40대가 지나서야 지나간 날들을 하나씩 회상해 보게 되었는데, 재미난 기억들, 더 만끽하지 못했던 즐거운 시간들이 떠오른다.

빅마마로 활동하는 동안 해외 일정이 꽤 있었다. 데뷔 시절에 일본에서 쇼케이스를 했었고, 데뷔 이후에도 일본 진출을 목적으로 일본 프로그램에 고정 출연한 적도 있었다. 일본 진출용 앨범 녹음을 위해 영국과 일본에 한 달씩 머물며 녹음을 한 적도 있었고, YG패밀리 투어로 미국 워싱턴과 뉴욕, LA에서 공연을 한 적도 있었다.

일본 쇼케이스를 잘 마친 후, 본격적인 일본 진출 계획의 시작은 방송 출연이었다. 토크도 하면서 음악도 하는 프로그램이었는데, 거기서 빅마마는 하우스 밴드와 함께 고정 코러스도 하고 메인 노래도 한두 곡 하는 역할이었다. 2주에 한 번씩 도쿄에 가서 2박 3일 정도 머물며 2회분 녹화를 했었다. 출국 전날에는 방송에서 해야 할 곡들을 들으며 밤늦게까지 연습을 하고 다음날 출국, 도착해서 다시 연습하고 다음 날 오전 일찍부터 하루 종일 녹화를 했다. 방송에서 할 곡들은 아주 다양했다. 얼스 윈드 앤 파이어(Earth, Wind & Fire) 곡부터 현대의 팝까지 골고루 구성되어 있어서 많은 곡들을 접할 수 있는 좋은 기회이기도 했다.

일본 방송국 시스템에서 놀라웠던 점은 철저한 시간 엄수와 우리의 화음 구성까지 지적할 정도의 음악적 귀를 가진 PD들(물론 음악감독이 따로 있었겠지만), 풀 밴드의 모든 악기들이 다 들리는 음향 엔지니어 실력이었다. 녹화 3분 늦어진다고 대기실마다 찾아다니며 안내를 해 주었고, 제공되는 대기실과 도시락은 연예계 경력 순으로 배정되었다. 연세 많으신 선생님들의 경우에는 누워 쉬실 수 있는 다다미 방에 최고급 도시락이 제공되었다. 리허설을 마치고 대기실에 돌아왔는데, 막내 스텝이 따라오더니 화음 중에 한 화음을 딱 지적하며 공손히 변경을 요청했을 때는 그 화음을 알아듣는 음악감독이 있었다는 것에 놀라웠다. (정확히 뭘 지적했었는지는 역시 기억나지 않지만) 녹화가 시작할 때는 “잘 부탁드립니다”, 끝나면 “수고하셨습니다!”를 전 출연진이 다 같이 큰소리로 외치고 마친다. 예의와 시간 엄수를 지키는 건 타인에게 피해를 주지 않으려는 일본 문화였던 것 같다.

녹화가 수개월 지속되었던 시점에 출연진 중에 두 분 정도가 무대 뒤로 우리를 찾아와 조용히 인사를 건네셨다. 본인도 교포 2세라면서 반갑다고 하셨다. 하지만 일본 연예계에서는 본인이 한국 교포인 것을 아무도 모른다고 비밀이라면서 굳이 우리에게 밝히신 그 마음이 안쓰러웠다. 한국인 피가 섞여 있다는 것을 밝힐 수 없는 무리에서 긴 활동을 이어간다는 건 마음에 하나의 추를 달고 사는 것일 텐데, 삶이란 어디든 쉽지 않은 것이구나 싶었다.

한번은, 연세 있는 여가수 분이 다가와 빅마마 앨범에서 프랑스어 노래를 들었는데 누가 부른 거냐며 통역을 통해 물어오셨다. 우리나라에서는 아무도 관심을 갖지 않던 내 솔로곡 Je ne veux pas (쥬느뷔 빠)가 일본 여가수에게 관심의 대상이 되었다는 사실에 얼떨떨하면서도 반가웠다.

일본 진출을 위해 1집을 일본어로 재녹음하기로 했다. Break Away와 Ray’s Rock House는 완전히 다른 편곡으로 재탄생했고, 다른 곡들의 편곡은 원곡의 느낌이 좀 남아 있었다. 아주 세련된 리듬(드럼, 베이스)에 소름이 돋을 정도로 감탄했었고 일본에서 노래 녹음을 하다 마이크까지 흔들리는 지진을 경험하기도 했다. 이렇게 만들어진 앨범이 일본 대중들에게는 전달되지 못한 채 회사 간(일본 프로모

션을 맡은 회사와 YG) 의견이 잘 정리되지 못해서 빅마마의 일본 진출은 무산되었지만, 신선한 경험이었다. 하지만 그 당시에는 신선한 좋은 경험이라는 생각을 하지 못하고 그냥 피곤하고 나아갈 방향도 잘 모른 채 끌려가고 있다는 생각에 불만스러워 했었다. 지나고 나야 모든 것은 제대로 평가된다. 모든 시도는 옳다는 것을 젊은 나는 몰랐지만, 나이 든 나는 젊은이들에게 그렇게 말한다. 틀린 시도는 없다. 젊은 날에 필요한 것은 많은 경험이니 실패해도 자꾸 도전하라. 내가 하지 못한 것들에 대한 아쉬움을 이렇게 달래고 있는가 보다. 이제는 나도, 나쁜 사람과 엮이는 것만 아니라면 새로운 제안도 흔쾌히 받아들인다. 단지 더 조심하는 것은, "사람"이다. 어떤 사람과 함께 하는지가 정말 중요하다는 깨달음 덕분이다. 아무리 좋은 프로젝트라 해도 좋지 않은 사람이 하는 제안이라면 거절할 것이다. 좋지 않은 사람과는 성공을 하면 이익 분배 때문에, 실패하면 책임 소재 때문에 분명히 마찰과 문제가 발생하기 때문이다. 지금 아는 것을 그때에도 알았더라면 좋았겠지만, 다시 돌아간대도 역시 모를 것 같은 게 인생인가 보다.

빅마마로의 추억들

유행하는 많은 대중가요 곡에 코러스를 만들어 녹음했지만, 정작 내가 원하는 음악은 완전히 대중적인 것들이 아니었다. 많은 사람들이 좋아하면 좋겠지만, 지나치게 통속적이거나 유치한 가사들은 도저히 소화가 되지 않는다. 오래 들어도 질리지 않을 곡들, 인간에 대한 깊은 고민에서 나오는 통찰력 있는 가사들을 선호한다. 빅마마 시절 내가 프로듀싱했던 앨범들은 다 그런 색채이다. 의미를 담고, 오래 들어도 질리지 않을, 하지만 솔직히 말하면 금방 단번에 많은 히트를 치지는 못하는 곡들이다. 무엇이 옳은지 이제는 모르겠다. 그 시절엔 내 생각이 맞다는 확신이 있었지만 음악엔 '맞고 틀리고'가 없는 것이니, 그냥 그런 것이라고 받아들이는 정도이다.

빅마마 1집은 전 우주가 도와줬던 것 같다. 보컬 그룹의 화음이 돋보일 음악 장르는 흑인 음악이고, 그중에서도 Soul, R&B, Jazz이니 그런 스타일로 작곡가분들께 곡 의뢰를 했다. 장르를 정해 주면 작곡가들은 편하게 곡을 쓸 수 있다. 그래서인지 쉽게쉽게 곡이 모였고, 연습곡으로 불러 봤던 "Break away"와 "거부", "Ray's rock house", "His eyes is on th espparrow"는 모두 리메이크 곡이었지만 회사에서 앨범에 수록하자고 해서 별 고민 없이 수록했고, 네 명의 보컬 모두가 메인 보컬이라는 콘셉트에 맞게 솔로 곡을 넣자고 생각해서 솔로 곡을 4곡 채우니 쉽게 앨범이 완성되어 버렸다. 5월에 만나 연습하다가 곡 모으고 녹음하고, 다음 해 2월에 앨범이 나왔으니 초고속 진행인 것이다. 곡 수집이나 화음 편곡은 내가 맡아서 했다. 귀국을 결정했을 때와 막상 귀국했을 때 달라진 상황에 당황했지만, '이왕 짐까지 싸서 귀국한 거 한번 잘해 봐야겠다' 마음먹고 기꺼이 했다. 의외로 1집이 큰 성공을 거두어 오히려 놀랐다. 그래서 바로 2집 준비에 들어갔다. '이왕 이렇게 된 거, 화음을 왕창 멋지게 보여 줘야겠다' 다짐하고 2집을 프로듀싱했다.

1집 때는 내가 하는 일이 프로듀싱인지도 모르고 했는데 2집 때는 회사에서 프로듀서로 이름까지 올려 주셔서 더 앞장서서 진행을 했다. 맘대로 앨범을 만들고 나니, 이게 과연 잘한 걸까 의심이 들었다. 사람들이 듣기에 어떨지 생각을 안 해 본 것이 괜찮은가? 앨범을 다 만든 후에야 사람들이 듣기에 어떨까를 생각하다니, 일의 순서가 잘못돼도 한참 잘못된 것이다. 솔로 곡을 없애고 전곡을 화음으로 꽉꽉 채우니, 내가 들어도 밤고구마 몇 개를 먹는 것 같았다. 아무리 좋은 말도 계속 들으면 질리는 법인데, 완급 조절이란 걸 몰랐던 거다. 다행히도 회사에서 앨범 출시를 미루더라도 다시 재구성해 보라며 시간을 주셔서 부랴부랴 솔로 곡을 각자 준비해서 넣었다. 솔로 곡 4곡을 넣느라 빼내야 했던 곡들은 3집에 수록하기로 하고 2집을 발매했다.

큰 인기를 누릴 줄 모르고 시작했던 보컬 그룹, 그것도 외모 지상주의에 저항한다는 어글리 그룹으로 불리며 시작한 빅마마가 2집까지도 사랑을 받는다는 것이 신기하다 못해 감사했다. 하고 싶은 걸 하면서 사랑까지 받는다는 건 하늘이 돕지 않으면 어려운 일이다. 그런 마음에 3집은 "For the people"로 앨범 제목을 정하고, 우리를 들어주시는 분들께 감사의 마음을 전하는 내용으로 담았다. 혹자는 무슨 건전가요 앨범이냐고 혹평을 했을 수도 있지만, 그 당시 우리의 마음은 진심이었다. 원래 진심은 좀 유치한 것이다. 마지막 곡에 "Thanks to"를 멤버들이 모여 앉아 작곡하고 내가 가사를 써서 수록했다. 이 곡은 재결성 이후에 발매한 6집 앨범에 재수록하게 되었다.

회사를 옮겨 더 대중적으로 다가가자는 회사의 취지를 받아들여 4집을 발매했다. 그때는 다른 작곡자분께 프로듀서를 부탁드렸었다. 우여곡절 중에 5집을 준비하게 되었는데, 5집은 다시 예전처럼 내가 주도해서 기획했다. 좀 색다르게 하고 싶어서 듀엣 트랙을 만들어 넣었고, 회사가 원하는 곡을 싱글로 먼저 발매하기도 했다. 5집은 '다시 오래 들어도 질리지 않는 아름다운 곡'을 찾아 모았다. 녹음하고 바로 출시되지 못하고 몇 년 후에 출시되었다. 5집 앨범으로 활동을 못 해서 5집에게는 미안하지만, 늦게라도 세상에 나올 수 있게 되어 다행이라 생각한다.

빅마마란 그룹을 하지 않았다면 나 혼자는 절대 이루지 못했을 일들을 해 봤고, 큰 사랑을 받았다. 내 이름을 사람들이 알게 되고 나를 알아보고 인사를 하시거나 사인을 요청하시는 분들을 만나는 일은 여전히 익숙해지지 않는다. 쭈뼛거리고 도망가려는 듯 어색하던 자세를 그나마 고쳐서 이제는 미소도 지어 드리고 감사의 마음을 표현하지만, 외모 콤플렉스가 있었고 유명해지고자 하는 욕구가 별로 없었던 나는, 누가 나를 알아보는 것이 부담스러웠었다. 뒤에 가서 흉보지 않을까 걱정도 되었는데 다행히 팀명이 '빅마마'라, 그 누구도 내게 외적인 아름다움을 기대하지 않을 것 같다는 생각이 들면서 마음이 편해졌다. 난 그냥 가수일 뿐, 인형같이 예쁜 걸그룹 멤버도 아니니, 내게 인사를 건네는 분들은 진심으로 반가운 마음뿐이었을 거다. 이런 생각으로 바꾸고 나니 알아봐 주시는 분들이 더 감사했고 그런 상황이 여전히 감탄스럽다. 데뷔하고 한참 시간이 지났는데 여전히 기억하시는 분들이 있고, 게다가 그리워해 주시는 분들이 계셔서 2021년 재결합이 가능했다. 9년간의 공백을 깨고 재결합을 할 거라고는 또 누가 상상할 수 있었을까? 40대의 끝에 서서 큰 결정을 했다. 재결합을 하면 과연 긍정적인 효과만 있을까, 예전만큼 할 수 있을까 고민이 있었지만, 지금 하지 않으면 영영 못 할 것 같은 기분에 일단 해 보기로 결심했었다.

노래를 한다는 것이, 세상에 내 노래가 울려 퍼지고, 사람들이 알아보고, 내 음악을 들으며 잠에 들고, 위로를 받는 사람들이 세상에 존재한다는 것이 흔히 벌어지는 일은 아니다. 내가 좋아서 시작한 취미 같은 일이 누군가의 눈물을 닦아 주는 손수건이 되고, 누군가에게 기쁨을 주는 초콜릿이 된다는 것에 나는 매 순간 감탄하고 감사한다. 이것이 음악의 힘이고, 음악인이 지고 가야 할 책임이다. 그 누군가에게 영향을 미칠 수 있다는 생각을 너무 많이 하는 것은 나르시시즘으로 빠질 수도 있지만, 중심을 잘 잡고 생각한다면 좋은 방향으로 더 좋은 음악을 향하는 깃발이 될 수도 있다.

기억에 남는 무대들

어떤 무대가 가장 기억에 남느냐는 인터뷰 질문을 종종 받는다. 빅마마 재결합 이전엔, 만 명의 관객이 원으로 둘러싸여 있던 공연이라고 답했었다. 한 신문사가 주관한 공연이라 티켓 가격이 아주 저렴해서인지 정말 많은 분들이 오셨다. 내 생에 가장 많은 관객을 눈앞에서 본 것이었고, 관객들이 앞에만 있던 것에 익숙했는데 뒤에도 둘러싸여 있어서 눈이 휘둥그레졌었다. 뒤에 계신 관객분들을 위해 무대 앞뒤를 돌아보며 노래했던 기억이 아직도 눈에 그려진다. 높은 티켓 가격 때문에 쉽게 공연장에 오시지 못했던 분들이 많이 오신 것에 마음이 좀 무서워서 그 이후부터 공연 티켓 가격을 낮추자는 제안을 자주 하게 되었다.

빅마마 재결합 이후 첫 번째 단독공연의 객석은, 기억력이 좋지 않은 내게도 평생 잊지 못할 장면이었다. 공연을 관람하는 관객 문화가 달라진 시대라 그런지 플랭카드들을 가수들 몰래 준비해서 앵콜 때 일제히 들어 올리는 퍼포먼스를 해 주셨다. 핸드폰 불빛으로 별을 만들어 주시는 것도 너무 황홀해서 내가 노래 안 하는 순간에는 넋 놓고 감상을 했었다. '아~ 아름답다. 너무 아름다운 마음들이다~' 되뇌이며 바라보다 눈물이 활컷 쏟아졌었다. 잘 우는 편이 아닌 성향인데도 그

장면은 참을 수 없었다. 나는 첫날에 눈물이 터졌고, 민혜는 마지막 날에 눈물이 터졌다. 무대에서는 말하지 않아도 통하는 무엇이 있다. 먼 객석에 계신 관객의 플랭카드로도 전달이 되는 마음. 내 기억에 오래 남는 무대는 모두, 무대라기보다는 객석의 마음이었다.

내게 의미 있던 또 다른 무대는, 솔로 앨범 발매를 위해 혼자 준비하던 1년의 시간을 보내다가 우연히 게스트로 참여했던 공연의 기획자님의 제안으로 하게 된 단독공연이다. 2014년 12월에 녹음을 앞둔 앨범 곡들을 선공개 겸 사운드 합을 맞추는 계기로 삼고자 단독공연을 열었다. 돌이켜보니 여전히 부족한 부분이 많았던 공연이지만, 그때의 용기에 아직도 박수를 보내고 싶다. 음악을 계속할 수 있을지 고민이 많던 시절에, 일단 솔로 앨범을 한 번 내 보라는 남편의 조언에 힘입어 무조건적으로 시작했었다. 지인을 통해 유통사도 알아보고, 앨범 소개 글도 직접 써 보며 늦은 나이에 스스로 일어서 보려는 경험을 했다. 생각지도 못한 상황에 놓였을 때, 우리는 당황한다. 그러다 실망도 하고, 정말 이게 끝인가 의심도 하고, 그러다 받아들이고 풀이 죽어 시들어버릴 수 있다. 시들기 직전에 내게 생명수가 되었던 말들이 있었다. "일단 솔로 앨범을 한번 내 봐"라는 남편의 말과 "연아 씨 공연을 한번 해 보시죠. 티켓팅 같은 건 제가 도와 드릴게요."라는 재즈 공연기획자 플러스 히치님의 말이었다. 지나치듯 흘러가지 않고 내 맘에 남아 씨앗이 되고 뿌리를 내리게 된 것에 감사한다. 그들의 응원과 제안을 동아줄 삼아 붙잡고 일단 매달려 보기로 마음 먹은 그때의 나를 토닥이고 싶다.

그때부터였던가? 이제는 제법 내 스스로를 위로하고 쉬게 하고 웃게 할 수 있는 능력이 생겼다. 늘 질책하고 몰아세우기만 했던 것을 후회한다. 타인의 동아줄만 기다릴 게 아니라 이제는 내 스스로 씨앗도 뿌리고 물도 주며 내 자신을 잘 키워 나가고 있다. 가끔씩 아직도 잘 모르겠는 때도 있지만, 그럴 땐 일단 휴식 시간을 갖는다.

아직 답을 모르겠을 때는 잠시 쉬어 보는 것도 좋다. 일단 체력이 회복되고, 좀 심심해지면 슬슬 하고 싶은 것들이 수면 위로 떠올라 올 테니 그때 하나씩 건져 씨앗으로 삼으면 된다. 인생이 짧다고 쉴 틈도 없는 것은 아니니까. 그리고 마음의 텃밭이 청춘이면 씨앗은 언제든 트일 수 있으니까.

"내 인생의 무대는 여전히 진행 중이야~ 진짜 무대를 떠나게 된 후에도!"

아직 답을 모르겠을 때는 잠시 쉬어 보는 것도 좋다.
일단 체력이 회복되고, 좀 심심해지면
슬슬 하고 싶은 것들이 수면 위로 떠올라 올 테니
그때 하나씩 건져 씨앗으로 삼으면 된다.
인생이 짧다고 쉴 틈도 없는 것은 아니니까.
그리고 마음의 텃밭이 청춘이면 씨앗은 언제든 트일 수 있으니까.

드디어 유럽투어

2019년 팬데믹이 오기 전에, 알고 지내던 공연 기획사 '무대공감'을 통해 해외 공연 지원 사업에 채택되었었다. 파리와 이탈리아에서의 공연 일정이었고 공연장 섭외는 물론, 연주자와 촬영 엔지니어까지 동반하는 큰 프로젝트를 준비하고 있었다. 그러나 코로나19가 시작되었고, 해외 출국이 어려워져서 그 프로젝트는 영상물 제작 및 업로드로 방향이 틀어졌다. 많이 실망했지만, 그냥 버리기엔 아까운 기회였기에 '해외 전용 사이트에 업로드'라는 조건을 충족시키려고 고민했다. 그러다가 파리에서 공연 기획을 공부 중인 제자를 통해 한 프랑스 음악 사이트를 소개받았고 그곳에 전체 공연 영상을 업로드하기로 계약을 맺게 되었다. '모카 스토리'라는 프랑스 음악 사이트에 업로드될 50분 정도의 공연 영상 촬영을 오디오가이 스튜디오에서 했다. 오디오가이 스튜디오는 공연과 녹음을 동시에 여러 차례 진행해 본 경험이 많은 스튜디오였고, 좋은 피아노를 갖고 있고 공간도 예뻐서 공연 실황 촬영을 하기에 적합했다. 연주자들과 정말 공연처럼 50분을 촬영했는데, 그때 관객의 중요성을 깨달았다. 관객을 앞에 두고 50분 공연은 그리 힘들지 않았는데, 관객 없이 하는 공연은 허공에 노래하는 기분이었다. 대상 없는 막연한 그리움 같기도 하고, 출처를 알 수 없고 갈 곳도 알 수 없이 표류하는 연기 같았다. 목이 바짝 타고, 힘에 부쳤다. 파리와 이탈리아에서 외국 관객들을 앞에 놓고 살아 숨 쉬어야 할 공연이, 강을 건너지 못하는 물안개처럼, 유럽을 향해 조용히 연기만 피우며 아지랑이처럼 끝이 났다.

하지만 사람이 마음을 먹으면 결국에는 전 우주가 도와준다는 파울로 코엘료 작가의 말을 믿는 내게로, 그 공연이 다시 왔다. 이번에도, 2019년에 함께했던 '무대공감'이라는 공연 기획사를 통해 스토르넬라 뮤직 페스티벌로부터 초청장을 받게 되었다. 유럽행 비행기 티켓을 얻게 되니, 2022년에 한국에서 조우해서 함께 듀오 공연을 했던 이탈리아 피아니스트가 생각났다. 니콜라 세르지오(Nicola Sergio)라는 이탈리아 피아니스트의 앨범을 알게 된 건, 플러스히치라는 재즈 공연 기획자의 소개였다. 피아니스트를 찾고 있는 내게 적합할 것 같다면서 어느 날 밤, 갑자기 연락이 왔었다.

"연아 씨, 이 앨범 들어 보세요!"

그 앨범 속의 연주는, 일반적인 재즈 연주자의 즉흥 연주가 아니라 잘 짜여진 아름다운 멜로디가 뼈대를 이루고 있었다. 세대를 거듭해도 계속 사랑받는 재즈 스탠더드 곡들은 모두 멜로디가 아름답다. 기본적인 뼈대가 아름다우면 어떤 옷을 입혀도 대체로 아름다운 법이다. 나의 이런 철학과 접점이 보였기에 내게 니콜라의 음악을 소개해 주셨던 것 같다. 그해, 니콜라와 피아노 듀오 공연을 진행하게 되었다.

플러스히치는, 연주자들을 소개하고 공연을 제안하고는 그들끼리 어떤 결과물을 만들어 내는지 지켜본다. 마치 파리 음악 학교의 교장처럼 말이다. 음악인들끼리의 언어로 소통하다 어떤 아이디어에 불이 붙으면 자동적으로 프로젝트가 만들어진다는 걸 알기 때문이다. 난 이런 자연스러운 음악적인 과정이 좋다. 본인 앨범이면서, 어떤 연주자가 연주를 했는지 가수가 알지도 못한 채로 만들어지는 대중음악계 앨범 제작 방식과는 정말 다른 모습이다. 음악인으로서의 자존심이 지켜지는 기분이랄까? 자본도 중요하지만, 음악적으로 궁합이 맞아야 가능한 일이라는 걸 인정하는 이 작업 방식은 결과물을 약속할 수는 없다. 결과물이 안 나올 수도 있다. 언제든 프로젝트가 엎어질 가능성도 있다. 그래서 더 음악이 살아 있다고 느껴진다.

이탈리아인이지만 파리에서 활동하는 니콜라와, 한국인이지만 프랑스어가 가능한 나는, 프랑스어로 소통하면서 영상 통화로 공연 준비를 시작했다. 서로의 곡을 먼저 들어 보고, 서로가 서로의 곡을 선택하기로 했다. 니콜라의 곡을 내가 골라서 가사를 쓰고, 내 곡을 니콜라가 골라서 편곡을 했다. 그리고 몇 개의 아름다운 한국 가요를 추가해서 공연 리스트를 완성했다. 2022년 겨울 '피아노가 만난 노래' 공연은, 서울·대구·세종에서 세 차례 이루어졌다. 좋은 기억을 안고 돌아가는 니콜라가 언젠가 듀엣 앨범도 생각해 보자고 진지하게 제안했던 기억이 강렬했기에, 스토르나넬라 뮤직 페스티벌(우측 사진참조)에 함께하고 파리에서 녹음하는 아이디어를 강행하기로 결정했다.

종강과 폭풍의 빅마마 일정을 마치자마자 비행기에 올랐다. 나는 프랑스에 먼저 가서 시차 적응 겸 집안 정리를 좀 하고 니콜라와 함께

DIREZIONE ARTISTICA: B-FLAT PRODUCTION - www.stornarellamusicfestival.it

이탈리아로 향하는 일정을 택했다. 파리에 도착해서 시차 적응을 하는 동안 못다 한 가사 작업을 마무리했다. 보통의 투어라면 시차 적응을 할 수 있는 여유를 누릴 수가 없지만, 다행히 파리 인근에 시댁이 있어서 비교적 편안히 보낼 수 있었다. 시부모님이 돌아가시고 남은 물품들을 정리하는 마무리 일들이 있었지만 감사한 시간이었다.

니콜라와 나를 도와주는 현지 매니저로, 남편이 자청했다. 프랑스어와 이탈리아어가 다 가능한 남편은 아주 적임자였고, 첫 유럽 투어에 다소 긴장하는 나를 심리적으로 편안하게 해 주는 역할이 필요했다. 휴가철의 파리 공항은 그야말로 인산인해였다. 비교적 사람들이 덜 찾는 오를리(Orly) 공항을 택했지만 역시 사람들이 많았다. 이탈리아 브린디시(Brindisi) 공항에 내려 3시간 정도 들어가는 차 안에서 두 이탈리아인의 유쾌한 대화 덕분에 더운 날씨에도 기분이 좋았다. 숙소로 들어가기 전에 식사를 하기 위해 발 닿는 곳의 식당으로 들어갔다. 이탈리아인 특유의 여유로운 유쾌함에 나 또한 여유로워졌다. 그 식당에서 맛보았던 올리브와 토마토 맛에 다들 눈이 휘둥그레졌다. 창밖으로 보였던 넓은 올리브밭을 떠올리니 이해가 되었지만, 진정한 올리브의 맛을 깨닫게 된 그 순간은 가히 충격적이었다.

다음 날, 리허설을 하러 무대로 이동했다. 2023년 7월, 이탈리아 남부인 스토르나넬라는 그야말로 잘 '구워지는' 날씨였다. 무대 위에서도 양산 없이는 잠시도 서 있을 수 없는 온도였다. 다행히 공연이 있는 저녁 시간엔 시원한 밤바람을 맞으며 많은 사람들이 공연장을 가득 채웠다. 이탈리아 피아노 트리오 공연이 지나고 나와 니콜라의 차례가

E06

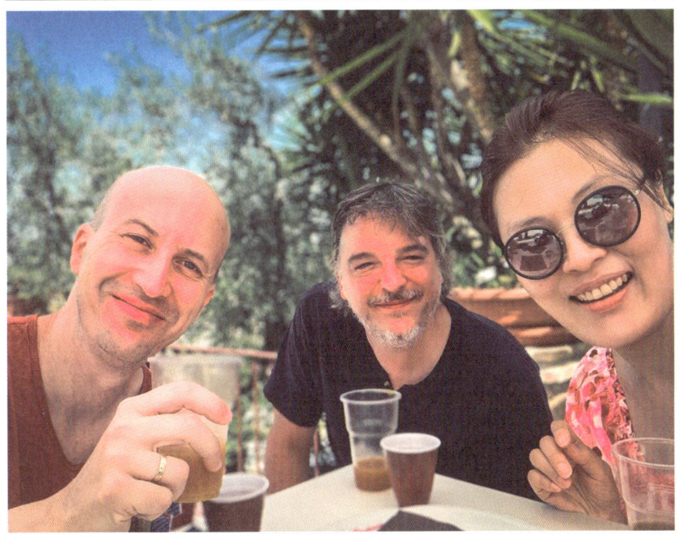

왔다. 내 공연은 한국어와 프랑스어로 채워져 있었고 자작곡이 반이었으며, 이탈리아어는커녕 영어도 서툰 내가 관객들에게 어떤 이야기를 해야 할지 난감했다. 하지만 언어가 통하지 않아도 전달되는 음악의 힘을 믿으며 공연을 마쳤다. 짧은 영어로 인사말과 곡 소개를 했고, 말보다는 음악으로 이야기했다. 공연을 마치고 나를 기다리는 관객들이 꽤 있었다. 놀라운 일이었다. 프랑스에서 이탈리아 스토르넬라로 이주해서 20여 년 넘게 살다 프랑스어를 잊어버릴 지경이었는데 샹송을 들을 수 있어서 너무 반가웠다는 아주머니, 스위스에 사는데 잠시 여행 왔다는 18세 예비 뮤지션 남학생, 말은 안 통하지만 너무 좋았다고 하시는 이탈리아인 할머니 등, 예상외로 많은 분들이 악수를 청하고 사진을 찍자고 하시며 공연이 너무 좋았다고 칭찬해 주셨다. 프랑스어와 한국어, 영어로 노래하고 말하는 거 어렵지 않냐며 나처럼 작곡·작사를 하는 게 꿈이라고 길게 이야기를 나누던 스위스 남학생의 풋풋함은 그날의 밤공기처럼 나를 미소 짓게 했다.

꿈같은 이탈리아 공연을 마치고 파리로 돌아가 이틀 쉬고 브르고뉴로 향했다. 그곳에서는 작은 하우스 콘서트가 예정되어 있었다. 처음 가 보는 브르고뉴는 작고 아담한 전형적인 프랑스 마을이었다. 공연을 기획하신 'Le Jardin du Bardado(바르다도의 정원)'의 주인은 전형적인 멋쟁이 프랑스 할머니셨다. 우리를 위해 준비해 주신 숙소 방 안에 공연 팸플릿과 함께 꽃송이까지 장식해 두는 섬세함으로 우리를 감동시키셨다.

프랑스어 가사를 이해하는 관객을 만나니, 마음이 편했다. 페스티벌과는 또 다른 아담하고 아름다운 공간에서는 관객과 밀도 높은 호흡을 하게 되었다. 그들의 집중도에 내가 빨려 들어가는 기분이었고, 한 곡 한 곡 수를 놓듯 감상하시는 관객들의 눈빛과 공연 이후 "또 언제 올 거냐"며 다음 공연 일정을 재촉하는 관객들의 반응은 평생 잊지 못할 추억이다. 한국어 노래를 부르기 전에, 이해하지 못하는 언어로 노래해서 미안하다고 양해를 구했었는데, 공연 이후 한 관객분이 "한국어 어감이 너무 아름다워서 오히려 프랑스어보다 더 신선하게 들렸다"며 한국어로 노래하는 걸 절대 미안해하지 말라고 해 주셔서 더 마음이 편했다.

내 음악의 뿌리는 프랑스적인 정서가 있다. 1집 앨범에 이어 그 기조를 이어 오면서, 한국에 살고 있고 한국에서 주로 노래하는 내게 이게 무슨 의미가 있는 건지 회의가 든 적이 있었는데, 프랑스에서 내 음악은 자기 옷을 입은 선녀처럼 날개를 달고 하늘을 나는 것 같았다. 한국 관객들은 무거운 주제의 가사나 음악을 버거워하는데 프랑스 관객들은 더 재미있어 했다. 마냥 가볍기만 한 것을 심심해하는 그들의 성향 덕분에, 토론하기 좋아하는 프랑스인들에게는 토론의 소재를 던져주는 내 노랫말들이 아주 좋은 안주거리인 것이다.

이탈리아 공연에 이어 브르고뉴에서의 예상치 못한 폭발적인 반응을 접하고 나니, 구름 위를 나는 기분이었다. 유럽 관객들의 반응을 전혀 예상할 수 없는 상황에 다소 긴장한 것이 사실이었기에, 뜻밖의 반응들에 큰 용기를 얻었다. 몸은 피곤했지만 그다음 주 이틀간의 앨범 녹음을 진행할 의욕은 활활 불타고 있었다.

한 달 전에, 니콜라와의 듀오 앨범 녹음을 위해 '므동 스튜디오'(112,113p 사진참조)를 이틀 예약해 두었었다. 이틀간에 한 앨범을 다 녹음해 본 적이 없는 나로서는 이 또한 유럽 공연만큼이나 긴장되고 부담되는 일정이었다. 긴 비행과 시차와 공연으로 몸은 지쳤는데, 그 피로감을 느낄 만큼 여유롭지 못했다. 한국에서 비행기를 탈 때까지도 녹음할 곡 중에 3곡의 가사를 완성하지 못한 상태였기에 도착하자마자 틈틈이 가사를 써야 했고, 입에 잘 붙게 연습할 시간이 많지 않았지만 일정에 맞춰 해 내야 한다는 생각뿐이었다.

이틀간의 녹음은 피곤한 일정이 맞았다. 둘째 날에는 목의 피로감으로 내 마음대로 노래가 잘 풀리지 않았다. 무리한 일정일 수 있다는 걸 나는 알고 있었다. 하지만 도전해 보고 싶었다. 조금 부족한 결과물을 갖게 되더라도 도전해 보면 후회하지 않을 것 같았다. '잘해야 한다'는 생각보다 '한번 해 보자!'는 생각을 하고 싶었기에, 후회 없이 몸을 던져 도전했다. 대중음악의 녹음 방식이 재미없고 기계적이란 생각이 들었으니, 이런 재즈적인 방식에 익숙해져야 한다. 우리가 살아가는 모습 자체가 어차피 불완전한 것이니, 그런 불완전함까지 자연스럽게 녹여 내는 것이 바로 '재즈'란 생각이 들었다.

'조금 부족해도 그것이 현재의 내 모습이라면 받아들이자, 오토튠으로, 보정 작업으로 매만져진 노래가 무슨 의미가 있겠는가, 그 현장에서의 노래, 그 순간의 감정을 그대로 담자!'

이런 마음으로 녹음을 마쳤다. 'Rendez-vous in Paris(파리에서의 만남)'(115p QR참조)이란 제목을 붙인 이유도 그 이틀간의 만남이 빚어낸 앨범이란 의미를 담고 싶었다. 물론, 여전히 미숙한 부분은 귀에 걸린다. 하지만 수정하지 않은 것을 후회하지는 않는다. 더 연습할 일정이 되지 못한 상황이 아쉽고, 금방 해 내지 못한 내 수준이 안타까울 뿐이다. 다음 번엔 더 잘해야지 하는 마음과, 이게 나인 걸 어쩌겠는가 하는 마음이 공존한다.

결국엔 모든 것이 '나와의 싸움'이다. 경쟁자와 싸우는 것 같고, 세상과 싸우는 것 같지만 결국엔 모두 '나 자신'과의 대결이다. 마음에 안 차는 나를 잘 이끌어 가는 것, 모자란 모습에 크게 실망하지 않고 자책하지 않으면서 긍정적인 에너지로 재정비하는 것은 그리 쉬운 일이 아니다. 부족한 면을 발견하면 주눅부터 들고, 감정적으로 에너지 소모가 크기 때문에 이성적인 판단이 더 힘들어진다. 내가 바라는 수준의 내 모습은 도대체 언제나 가능할지, 그런 날이 오긴 할지. 그렇다고 내 마음을 내 수준에 맞추는 것은 더 굴욕적이고 슬픈 일이란 생각에, 이러지도 저러지도 못하고 하루하루 괴로워만 했던 것 같다. 내가 나를 부끄러워하고 부족해하니, 어디서든 자신이 없었고, 무엇을 하든 흥이 나질 않았다. 누군가의 칭찬에도 있는 그대로 기뻐하지 못하게 되고, 자꾸 어딘가로 숨고만 싶었던 것 같다. 그러면서도 또 누군가가 내 가능성을 알아봐 주길, 믿어 주길 바랐다. 내가 나를 못 믿으면서 남이 믿어 주길 바랐던 것이다.

유학 시절 오랫동안 꿈꿔 왔던 유럽 공연을 늦게나마 해 본 것에 만족한다. 산에 오르기 전에는 엄청난 것이 있을 것 같지만, 막상 산에 오르면 오기 전과 다른 감정이 들기도 한다. 산 정상에만 의미가 있는 게 아니란 것, 여유 있게 내려가며 경치를 구경하는 시간도 행복하고 아름답다는 것. 그래서 내려가는 일만 남아 있다 해도 슬퍼할 필요가 없다.

짧은 투어였지만 내겐 큰 경험이었다. 이 짧은 경험으로, 유난히 유럽에서 무언가를 하고 싶던 막연한 동경이 어린 마음의 호기심은 아니었을까 하는 의구심이 들었다. 큰 무대든 작은 무대든, 한국이든 유럽이든, 관객들은 소중하고 내가 하는 공연에 최선을 다해야 하는 것은 똑같다. 더 인정받고, 더 내가 빛나는 공연이 따로 있다고 믿는 건, 허상을 좇는 어리석은 마음이다. 모든 무대와 관객은 소중하다. 작든 크든.

앨범듣기QR

Rendez-vous in Paris
Yona Shin w. Nicola Sergio

track 6

후배들에게 보내는 편지

소속사, 평행선 같은 공생관계

빅마마 1집이 화음이 돋보이기 좋은 Soul과 R&B를 기반으로 한 '보컬 팀'의 데뷔였다면, 그 이후 2집은 화음을 좀 더 보여 주고 싶었고, 3집은 사랑해 주신 분들에게 화답하는 것이 기획 의도였다. 회사를 옮긴 뒤에는 빅마마의 정체성을 '국민 가수'로 정하자는 회사 측 기획 의도가 있었고, 그래서 4집은 좀 더 대중적인 앨범으로 정해졌다.

여러 가지 복잡한 상황 속에서 준비하게 된 5집은 다시 1집처럼, 내가 생각하는 빅마마의 음악으로 약간 회귀한 앨범이었다. 긴 세월이 흐른 뒤 다시 활동하게 되었을 때에는 시장도 변했고 사람들도 변했기에, 회사가 원하는 대로 6집을 만들었다.

회사와 함께 음악을 만든다는 것은 곧 상품을 만드는 작업이다. 순수하게 내가 원하는 것을 했는데 사람들에게 사랑까지 받는 상황은, 전 우주가 도와줄 때 가능한 일이다. 그런 면에서 음악에 별다른 간섭을 하지 않으면서도 우리에게 맞는 홍보 방식으로 큰 성공을 가져다 준 YG에게 감사한다.

회사의 지원 아래 앨범을 만들 때는 '어떤 음악이 시장성이 있는

가'를 따지는 것이 당연한지도 모르겠다. 회사는 이익을 만들어야 하는 집단이고, 음악인에게 투자할 때 마이너스를 기대하며 시작하지는 않을 테니까. 그래서 회사 관계자들은 열심히 기획하고 시장성을 분석하며, 홍보 방식을 연구한다. 그들의 노력이 수포로 돌아가게 하는 것은 음악인 입장에서도 너무나 미안한 일이다.

따라서 중요한 것은 소속 음악인의 음악을 잘 이해하고, 그 안에서 시장성을 발견해 주는 회사를 만나는 것이다. 서로 모르는 장르를 하는 사람들이 만나면 장점을 발견하지 못한 채 안 좋은 결과로 이어지기 쉽고, 결국 서로를 탓하며 헤어지게 된다. 소속사도 사람이 하는 일이라 오해와 불신이 쌓이면 일이 엉클어질 수밖에 없다.

모든 회사가 좋은 것도 아니고, 모든 회사가 나쁜 것도 아니다. 생각과 방식이 맞는 회사를 만난다면 더없이 좋은 파트너이자 공생 관계를 유지할 수 있다. 하지만 대화가 되지 않는 평행선을 걷는 관계라면, 아무리 크고 번듯한 회사라도 서로 맞지 않는 것이니 정리하는 게 낫다고 생각한다.

이별에도 예의를 지켜야 한다. 남녀의 이별처럼, 이별을 준비하는 시간, 이별을 받아들이는 시간, 애도하는 시간까지 다 잘 지켜져야 서로 부드러운 이별을 맞이하게 되는 것 같다. 소속사와 좋지 않게 헤어진 뮤지션은 그다음에 음악을 해 나갈 동력이 약해지는, 심리적으로 불안정한 시기를 맞게 된다. 소속사와의 분쟁 이후 이유 없이 목소리가 갈라지고 예전 같지 않은 상태가 된 학생이 있었다. 심리적인 충격과 불안정은 부교감 신경계를 뒤흔들고 기관지를 건조하게 만들어 목소리가 갈라질 수도 있다. 그 시기만 지나면 다시 회복이 될 테니 너무 걱정하지 말라고, 충분히 그럴 만한 시기라고 공감해 주는 것만으로 그 학생에게 큰 위로와 안심을 주게 되었다는 고백을 들었다. 예민함이 예술인의 성향이기에 상처를 쉽게 받는 것 또한 예술인의 성향일 수 있다. 그 한 번의 상처로 아예 다시는 회사와 일을 하지 않겠다고 속단해 버리는 경우를 많이 보았다. 첫사랑에 실패했다고 다시는 사랑하지 않겠다고 다짐해 버리는 것과 같다. 내 후배들, 제자들은, 예민함은 음악할 때만 적용하고, 상처받지 말고, 씩씩하게 더 좋은 상대를 찾아 나서서, 보란 듯이 멋지게 뜻을 펼치길 소망한다.

예민함이 예술인의 성향이기에
상처를 쉽게 받는 것 또한 예술인의 성향일 수 있다.
그 한 번의 상처로 아예 다시는 회사와
일을 하지 않겠다고 속단해 버리는 경우를 많이 보았다.
첫사랑에 실패했다고 다시는 사랑하지 않겠다고
다짐해 버리는 것과 같다. 내 후배들, 제자들은,
예민함은 음악할 때만 적용하고, 상처받지 말고,
씩씩하게 더 좋은 상대를 찾아 나서서,
보란 듯이 멋지게 뜻을 펼치길 소망한다.

음악이라는 이상과 방황이라는 현실 사이

매년 신입생들의 눈빛은 살아 있다. 꿈과 희망에 부풀어 있고, 원하던 대학에 입학했다는 만족감과 대견함이 장착되어 무엇을 하든 에너지가 넘친다. 2학년이 되면 학교 생활도 좀 익숙해졌고, 자기가 원하는 음악이 뭔지 잘 모르고 있다는 깨달음과 함께 각자의 고민이 시작된다. 3학년에는 그 고민들이 점점 깊어지면서 현실적으로 세상에서 어떻게 '밥벌이'를 할 것인가에 대한 현실적인 고민이 시작된다. 4학년에는, 얼굴을 마주하기도 힘든 상태가 된다.

그렇다. 우리나라에서 예술을 한다는 것은, 어른들이 걱정하기 딱 좋은 이야기이다. 사회적인 시선이 좋지 않은 이유는 바로 이런 현실적인 부분이 해결되기 어렵다는 걸 모두가 알고 있기 때문이다.

그런데 요즘 세상에 과연 '안전한 직장'이란 게 존재할까? 안전함을 향해 말단 공무원이 되었다가 퇴직하는 수많은 젊은 공무원들이 있다는 소식에, 그들이 삶을 바라보는 시선이 공무원을 경험하면서 바뀐 것인가 하는 생각을 했다. 안전함이 행복을 가져다줄 것이라는 생각은, 예술인들에게는 적용하기 어려울 때가 많다. 예술의 세계는 불완전함과 불안정성이 좋은 영감이 되기도 한다. 삶이란 것이 항상 '안

전'하길 바라는 마음과는 달리, 삶의 현실은 늘 안전하지도 늘 불안하지도 않다. 좋아하는 일을 하던, 좋아하지 않는 일을 하던, 출렁이는 불안과 울고 싶은 날들은 존재한다. 그렇다면 난, 좋아하는 일로 울고 싶다. 좋아하지 않는 일로 부자가 되는 것과 좋아하는 일로 평범하게 살아야 한다면, 어떤 것을 선택하느냐가 삶의 방향을 정해 줄 것이다.

우리는 행복을 위해 사는 것인가, 돈을 위해 사는 것인가? 두 가지는 교묘하게 연결되어 있어서 너무 궁핍해도 행복할 수 없고, 돈이 있다 해도 쉽게 행복해지지 않는 사람도 있다. 예술을 하겠다는 사람은, 일반인들이 이해하기 어려운 결정을 하는 경우가 많다. 예술인에게는 돈이 되는 일만 의미 있는 것은 아니기 때문이다. 돈이 안 되는 비경제적인 활동으로 행복해지는 경우가 많다는 것을 아는 사람들이 예술인이다. 그래서 예술인으로 타고난 사람은, 일반인의 세상에서 안전하지만 무미건조하게 살아가는 것보다 예술인으로 불안정하게 살아가길 선택하는 것이다.

프랑스에서는, 월별로 예술인들이 일정 공연 횟수를 채우면 (연간 507시간 이상의 예술작품 참여시 연금으로 가입되는 제도. 영화 촬영장에서 조명 보조나 엔지니어를 할 경우에도 해당할만큼 모든 예술관련직종에 포괄적으로 적용) 추후에 연금으로 지급받을 수 있다. 프랑스에서는 의료보험은 무료이니 연금만 해결되면 예술인들의 예술활동은 지속성을 보장받게 되는 것이다. 52회를 채우지 못한 해의 이듬해에는 1년간 실업급여를 받게 된다. 이 제도(Intermittent du Spectacle)는 전 세계에서 프랑스가 유일하다. 물론 이 제도로 인해

정부 지출은 꽤 될 것이고, 아시다시피 프랑스에서 세율은 엄청나다. 하지만 그 세금들로 수많은 예술 지망생들까지 지원을 받게 되는 것이다. 마크롱 대통령이 이 제도를 없애려 하다 국민 반대에 부딪혀 아직도 유지되고 있는 예술인 복지 정책이다. 문화 강국으로 가는 길은 행정 제도로 시작된다고 생각한다. 제도가 뒷받침해 주면 예술에만 집중할 수 있는 상황이 되고, 당연히 수준 높고 창의적인 결과물들이 나올 것이다.

반면에 우리나라는, 개인이나 기업들이 먼저 성과를 이루고 정부가 따라오는 경우인 것 같다. 기업들이 먼저 K-pop의 세계화를 만들고, K-pop의 경제성이 확인되고 나서야 정부 지원 제도들이 많이 생겨났다. 우리 나라 예술인들이 대단한 이유는 바로 여기에 있다. 오랫동안 정부 지원이란 게 없었음에도 (특히 대중음악계에는) 스스로 알아서 삶을 해결해 가면서 예술을 지속하는 사람들이 많다는 것이다. 그 순수한 열정을 존경하지만, 학생들에게 이렇게 이겨내라고 말하기는 어렵다. 나 또한 그럴 자신이 없으니까.

나 또한 투잡을 하고 있는 거 아닌가 싶다. 빅마마 활동이 아닌, 내 음악만으로 생계를 유지하기는 어렵기 때문이다. 내 음악을 하면서 교육을 하는, 엄밀히 말하면 나도 직장인 뮤지션이라고나 할까?

"즐겁게 노래하고 돈을 버니 얼마나 좋냐"는 말을 자주 듣는다.'과연 노래하는 게 늘 즐겁기만 한가?'모든 돈벌이는 고되다. 김훈 작가님의 『밥벌이의 지겨움』이란 제목에 홀린 듯 책을 샀던 순간이 떠오른다. 음악도 그렇다. 그런데 거기에다가 밥벌이도 되지 못하는 음악을 하는 것은 어떠할까? 음악 전공생들의 대부분이 평생의 직업으로 음악 관련 직을 갖고 있지 못하다. 졸업 후 10년 후면 반 이상의 졸업자들이 음악과 관계없는 일로 생계를 이어 가고 있는 게 현실이다. 너무나 사랑하는 음악을 배우러 학교에 왔지만, 졸업을 맞이할 때 눈앞이 캄캄한 이유는 그 좋아하는 것을 경제 활동으로 연결하기가 얼마나 어려운 일인지 깨닫기 때문이다. 우리나라 음악 저작권 배분율이 그 이유를 설명하고 있다.(아래표 참조)

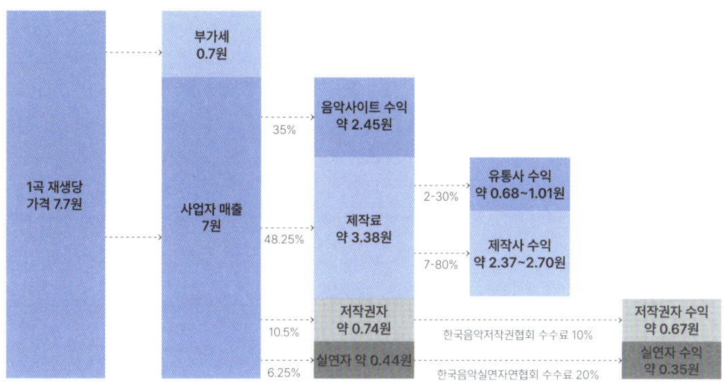

저작권 사용료 징수 규정

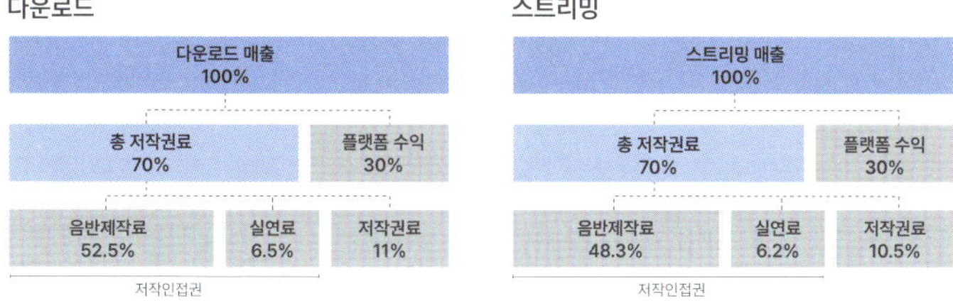

저작권 사용료 징수 규정

출처 : 문화체육관광부

하고 싶은 것을 하는 대가라고 치부하기엔 생존의 문제이다. 기업이 먼저 플랫폼을 만들었기에 서비스 사업자의 분배율을 높게 잡을 수밖에 없었던, 그 옛날의 시작이 불행의 씨앗이었지만, 누가 봐도 좀 이상하다는 생각이 들 것이다. 게다가 저작권자가 아닌 단순 실연자일 경우에는 참혹할 지경이다. 제작자는 한 사람이지만 실연자나 저작권자는 다수이기 때문이다. 결국 실연자들의 경제활동의 대부분은 "행사"로 귀결되는데, 행사 시장에서 본인의 음악으로 공연을 할 수 있는 경우는 각종 페스티벌 정도이다. 페스티벌 라인업에 들어가는 예술인은 대부분 이미 성공한 음악인일 테니, 결국 대다수의 무명 실연자들은 다른 아르바이트나 개인 레슨 등으로 투잡(Two Job)을 하게 된다.

한동안 트로트 열풍이 꺼질 줄 모르는 이유도, 청년 인구 소멸이 이미 한참 진행 중인 지방의 주민들은 대부분 노령자들뿐이고, 그 관객들이 좋아하는 음악은 트로트이니, 거의 대부분의 지방 행사는 트로트나 신나는 댄스 음악이어야 그나마 출연 가능성이 높아진다. 작년에 빅마마로 지방 행사를 갔을 때, 관객의 연령층과 반응을 보며 '우리가 올 곳이 아니었나?' 하는 생각이 든 적이 있었다. 대학에서 기껏 멋있는 음악을 논하며 높아진 음악 취향으로 만든 졸업생들의 음악은 홍대 작은 클럽에서 몇 번 연주되고 마는 상황을 어떻게 해결해야 하는지 늘 고민이다. 행사용 음악 선곡을 시켜 보기도 하고, 어떤 무대에서든 어떤 관객에게든 마음을 다해 음악을 하라고 전할 수는 있으나, 그들이 하고 싶은 음악을 버리라고는 못 하겠다. 내가 할 수 있는 일이라고는, 전 국민의 음악 취향이 더 다양해지고, 음악 스트리밍 분배율이 파격적으로 바뀌는 기적을 바라는 것 밖에 없는 것인가? 다행히 각종 페스티벌 덕분에 밴드 음악이 다시 사랑을 받게 되어 밴드로 성공한 졸업생들도 많고, K-pop 시장의 세계화로 인해 음악 시장이 전 세계로 넓어졌다는 것을 자주 지적해 준다. K-pop 탑라이너(멜로디 작곡가)나 트랙 메이커(멜로디 뒤의 사운드를 담당하는 작곡가)가 되어 아주 바쁘게 살고 있는 졸업생들도 꽤 있다. 2년 동안 저작권협회에서 '올해의 저작권상'을 받은 작곡가가 호원대 보컬 전공 출신이었단 사실에 깊은 안도의 숨을 쉬었다.

내 음악을 들어줄 사람들을 누구로 결정하느냐에 따라 그 음악이 퍼져갈 세상이 규정된다. K-pop이 전 세계의 중심에 서게 되는 날이 올 줄은 꿈에도 몰랐고, 한국어를 사랑하는 전 세계 인구가 엄청나게 증가하는 이 시점에, 우리 후배들의 음악이 언제 어디서 크게 사랑을 받을지는 아무도 모를 일이다. 사행성을 조장하는 것 같을 수 있겠지만, 미래에 대한 희망이란 것이 인간에게는 오늘을 살아갈 동기가 되는 법이다. 이미 전 세계에 큰 흐름을 만들어 놓은 K-pop의 성과 덕분에 한국 문화에 대한 관심도가 높은 요즘, 우리나라 젊은 뮤지션들이 해외에서 음악을 펼칠 절호의 기회란 생각이 든다. 해외 진출을 꿈꾸는 뮤지션들이 있다면, 서슴지 말고 도전해 보라고 권하고 싶다.

생각의 틀을 넘어

2009년부터 호원대학교 실용음악학부에 소속되어 있었고, 2012년부터 2017년 7월까지 실용음악학부장을 맡았다. 그러다 2018년에 학교에서 K-pop 학과를 신설하기로 결정하였고, 그 학과장으로 내가 임명되었다. 하필 딱 한 번 빠진 회의 자리에서 그런 결정이 내려졌다는 것이다. 역시 자리를 비우면 안 된다. 자리를 비운 사람이 일을 맡게 되는 법이니. 거절해 보려고 애를 썼지만, 이미 다들 결정하고 고집하는 상황이었기에 받아들이기로 했다.

학과를 새로 만들 때는 이것저것 준비할 것이 많다. 학과를 신설하는 것은 나도 처음 해보는 일이라, 초긴장 상태로 매일 업무에 매진했다. 교육 과정은 물론, 학생 모집, 학과 홍보, 실기 시험 운영 방식, 강의하실 분들 섭외까지 신경 쓸 일이 너무 많았다. 신입생 모집이 미달만 안 되면 성공이라고 생각했었는데, 그게 다가 아니었다. 늘 고비는 산 넘어 산이다. 5대 1의 경쟁률을 뚫고 입학한 신입생들의 얼굴에서 신입생으로서의 기쁨이 느껴지지 않았다.

K-pop이라는 분야의 특성상 이미 대부분의 학생들이 회사 오디션을 본 경험이 있었고, 여러 번 거절당했거나 잘못된 계약 때문에 마

음 고생을 한 상태였다. 이제 갓 20살이 된 여학생들이, 나이가 너무 많다느니, 얼굴이 어떻다느니 하면서 의욕이 없어 보였다. 기획사들이 "20살이면 너무 많은 나이"라고 말하는 이유가 나 또한 궁금해졌다. 왜일까? 난이도 높은 춤을 소화하기 위한 연습 기간과 강한 체력이 필요해서일까? 몇몇 회사 관계자들에게 물어 보니, 오랜 연습 기간이 필요한 것도 사실이지만, 어린 시절 학교 폭력에 얽히거나 질 나쁜 친구를 사귀게 될까 봐 아예 어린 나이 때부터 관리하고자 하는 의도가 크다고 했다. 실력 있는 댄서 출신으로 20대 후반에 데뷔한 경우가 있는 걸 봐도 이해가 안 가는 말이었다.

몇몇 회사에서 거절당했다고 인생이 다 거절당한 것이 아니라는 걸 알려 줄 방법이 없을까 고심했다. 아니, 화가 났다. 이제 스무 살, 제대로 피어나지도 못할 만큼 어린 나이인데 스스로 늦었다고 말하는 그 생각을 고쳐 줄 방법을 찾고 싶었다. 그리고 꼭 회사에 가야만 걸그룹을 할 수 있다는 생각을 바꿔 주고 싶었다. 또한, 그토록 바라는 아이돌 그룹 활동이 어떤 것인지 비슷하게라도 경험하게 되면 본인이 정말 원했던 것과 맞는지 다시 생각하게 될 거란 막연한 믿음도 있었다. 못 하게 되는 것과 본인이 안 하는 것과는 큰 차이가 있다. 적어도 스스로 다른 선택을 하면 깨끗하게 잊고 다른 길에 집중할 수 있지만, '못'하는 상황 때문에 다른 결정을 하게 되면 평생 환상을 버리기가 쉽지 않다. 그리 무언가를 너무 간절히 원할 때는, 다른 길이 눈에 들어오지 않는다. 막상 경험을 하고 나면 처음에 꿈꾸던 본인의 이상과 괴리감을 느끼고 환상에서 벗어나 다른 삶을 살아 볼 생각을 할 수 있는 자유를 얻게 된다. 짝사랑만 하던 상대와 막상 사귀었다 해도 서너 달

만에 헤어지고 싶을 만큼 안 맞는 상대였다는 걸 깨닫게 되듯이 말이다.

학교에서 진행하는 특성화 사업에 신청해 걸그룹을 만들어 보기로 결심했다. 활발한 활동까지는 생각할 겨를이 없었고, 일단 데뷔 과정이라도 경험하게 하자는 생각이었다. 교내 사업비 예산은 많은 학과가 함께 쓰기 때문에 그 금액이 크지 않았다. 또한 많은 학생들에게 혜택이 돌아가는 것이 바람직하기에, 소수 멤버로 구성된 한 그룹에 많은 금액을 쓰는 것은 맞지 않았다. 불행 중 다행으로, 코로나 시기라 업계의 비용들이 거의 반값에 가까운 상황이었다. 덕분에 저렴한 가격으로 뮤직비디오 촬영 장소를 대여할 수 있었고, 곡비도 평상시보다 훨씬 낮았다. 인맥을 활용해 뮤직비디오 감독님을 섭외했고, 의상 디자이너에게는 한 벌만 부탁했으며 나머지는 학생들이 인터넷에서 주문해 직접 리폼했다. 음원 출시와 뮤직비디오 제작 비용을 모두 합쳐도 약 천오백만 원이었다. 일반 기획사에서 아이돌 걸그룹 제작비용은 최소 10억 원으로 시작하는 게 일반적이다. 물론 그들은 홍보비로도 큰 금액을 사용한다.

이 프로젝트의 목적은 학생들에게 학습 동기를 부여하는 것이었기에, 전체 학생을 대상으로 걸그룹 멤버 오디션을 공고했다. 댄스 교수님들과 모든 학생들 앞에서 춤 오디션을 치렀다. 춤 오디션에서 1차로 선발된 학생들은 2차로 노래 오디션을 보았다. 한 명씩 선곡된 곡을 완창하게 하고, 파트별로 가장 어울리는 목소리를 찾았다. 그렇게 7명을 선발했고, '퍼포먼스 워크샵'이라는 수업 시간에 모든 학생들이 코레오그래피를 만들어 보았다. 그 결과물을 댄스 교수님이 보완해 뮤직비디오 촬영으로 이어졌다. 뮤직비디오 촬영은 '뮤직비디오 실습'이라는 과목 수강생들이 스텝으로 참여해 현장 학습으로 진행되었다. 진두지휘하던 나는, 직접 코러스 녹음도 하고 매니저 역할까지 맡았다.

수업 시간 과제물과 교내 특성화 사업비가 만나, 교내 최초의 걸그룹이 탄생했다. 이름은 댄스 교수님의 숨겨 둔 아이디어에서 나왔는데, '인류 최초의 여성'이라는 뜻을 가진 이집트어 "아째르(Azer)"로 정했다. 학과를 처음 만들 때는 주변 사람들뿐만 아니라 나 자신조차도 "20살이면 업계에서 이미 연습생으로 들어가기에도 늦은 나이일 텐데, 어쩌자는 건가...?" 하는 우려가 있었다. 하지만 생각을 바꾸면, 오히려 다른 기회가 만들어진다. 어리고 획일적인 아름다움만을 추구하는 우리나라 대중의 관점에서는 늦은 나이일 수도 있고, 예쁘지 않다는 지적을 받을 수도 있다. 그러나 K-pop을 좋아하는 해외 팬들에게는 획일적인 얼굴들보다 오히려 신선하게 다가올 수 있다. 더구나 동양인의 나이를 가늠하기 어려워할 뿐 아니라, 나이에 크게 구애받지 않는 문화적 특성이 있기에 크게 중요하지 않다고 생각했다.

모든 성공에는 '운명적'인 도움이 있다. 아째르 제작 역시 그러했다. 아째르 제작을 준비하고 있을 때, 남편의 지인을 통해 프랑스에 있는 한 콜롬비아 여학생이 대학원 졸업을 위해 한국으로 인턴을 하러 오고 싶다는 연락을 받았다. 기획사 몇 군데에서 현장 학습을 시켜 주면 된다는 조건이었다. 크게 어려운 일은 아닐 것 같았고, 한국으로 오고 싶어 하는 그 학생의 마음을 돕고 싶어서 "오면 도울 방법을 찾아

보겠다"고 전했다.

그 학생은 콜롬비아 태생이라 스페인어가 자국어였고, 프랑스에서 대학을 다녔기에 프랑스어에도 능숙했으며, 영어까지 가능하다고 했다. 드디어 한국에 입국했다는 소식을 듣고 환영의 의미로 식사라도 함께 해야겠다는 생각에 약속을 잡았다. 식사를 마친 후 이런저런 이야기를 나누다 보니 대화 주제가 K-pop으로 흘렀다. 혹시 K-pop을 좋아하느냐고 물었더니, 많이 좋아한다고 했다.

아째르에 대한 반응이 궁금해 곡 이야기를 꺼내자 음악을 들어 보고 싶다고 했다. "Elegante(엘레간떼)"라는 제목의 아째르 신곡은, 스페인어·프랑스어·영어권 전 지역에서 의미가 통하는 단어였다. 막연하지만 전 세계를 대상으로 삼겠다는 야무진 포부를 안고 선택한 곡이었다. 후렴구에 "Elegante"를 반복해 중독성을 더했다. 노래를 듣더니 그는 너무 좋아하며, 본인이 여러 K-pop 커뮤니티를 알고 있다고 했다. 내가 팀 설명과 곡 설명을 프랑스어로 전하면, 영어와 스페인어로 번역해 커뮤니티에 올려 주겠다고 했다.

그날의 만남은 아째르의 역사를 바꿔 놓았다. 학과 유튜브에 업로드한 아째르 뮤직비디오 조회수가 10만을 넘긴 것도 놀라웠지만, 대부분의 댓글이 외국인들이었다. 이 현상이 신기했는지 인터뷰와 지역 방송국 출연 요청이 쏟아졌다. 데뷔 경험만 시켜 보자고 시작한 일이, 인터뷰와 방송 출연으로까지 확장된 것이다.

때로는 결과를 생각하지 않고 무모하게 시작한 일들이 뜻밖의 결실을 가져온다. 빅마마도 그랬고, 아째르도 그랬다. 아째르는 데뷔에 이어 후속곡 2곡을 발표하며 활동을 이어 갔다. 교내 걸그룹 제작은 단순히 데뷔 경험으로 끝나지 않고, 새로운 후배 걸그룹을 제작할 때 선배들이 안무 창작이나 작곡·작사, 의상 디자인까지 도와주는 선순환 구조로 자리 잡았다.

K-pop은 자본을 기반으로 한 사업성 음악이다. 거대 자본으로 움직이는 대기업의 제작 방식을 그대로 따라 할 수도 없고, 흉내 낼 자금도 없다. 그래서 학교는 상황에 맞게 '독립적인 K-pop 아티스트 양성'을 목표로 삼았다. 교내 걸그룹은 아째르를 시작으로 Azer-Blossom(아째르 블라썸), Kairos(카이로스), Z.pline(지플린), A+(아플러스)로 이어졌고, 종국에는 학생들이 직접 뮤직비디오 제작과 로고 제작, 홍보까지 해 내며 Univ(유니브)를 만들어 냈다. 이제는 학생들 스스로 곡을 쓰고, 안무를 만들고, 영상까지 촬영·편집하기 시작했다. 먼 목표로만 여겼던 '독립적인 K-pop 아티스트'의 길에 점점 가까워지고 있는 것이다.

2019년부터 6년간 지켜보며, 나는 교육의 힘을 절감한다. 우리의 젊은이들은 무엇이든 해 낼 열정이 있고, 끝없는 아이디어가 있다. 어른들이 해야 할 역할은 잔소리가 아니라 "가능하다"고 믿어 주고, 새로운 시장을 넓혀 주는 일이다. 교육자가 경험한 것만이 전부인 것처럼 학습시키는 것이 교육이 아니라, 다가올 너희의 인생은 너희가 새로 개척할 수 있다고 생각의 틀을 깨 주고 용기를 주는 교육이 필요하다.

모든 성공에는 '운명적'인 도움이 있다. 아째르 제작 역시 그러했다.

때로는 결과를 생각하지 않고 무모하게 시작한 일들이 뜻밖의 결실을 가져온다.

아플러스 뮤비 촬영장

아째르와 전북KBS 아침마당 출연

언어와 노래

영어로 부를 때는 잘하다가도, 우리말로 부르면 갑자기 목소리 톤이 바뀌고 음역까지 달라지는 사람이 있다. 그래서 어떤 작곡가는 영어로 아무리 잘 불러도 절대 믿지 않는다고 했다. 막상 녹음실에 들어가 새로운 한글 가사로 녹음을 시키면, 같은 톤도 나오지 않고 음역도 맞지 않아 디렉터로서 고생한 적이 많다고 했다.

언어마다 사용하는 입 안의 공간이 다르다. 우리말은 격음과 받침이 많아 소리의 길을 막기 쉽다. 그래서 판소리처럼 격한 소리를 내는 창법에는 적합하지만, 물 흐르듯 팝적인 발성을 하려면 소리 공명점을 약간 이동시켜 줘야 한다. 평상시 말할 때의 소리의 정점보다 약간 앞이나 목 뒤로 변형시키는 거다.

프랑스에서 지내는 동안, 내 목소리 톤에 바람이 좀 더 섞이는 경험을 했다. 프랑스어 특유의 R 발음을 제대로 내기 위해서는 후두를 약간 눌러 혀 뿌리 공간을 확장시켜야 한다. 또 우리말에는 없는 'J, G' 발음을 하려면 소리 위치를 앞으로 끌어내야 하고, 입술 주변 근육도 많이 쓰게 된다. 프랑스어 사용 시간이 한국어 사용 시간을 뛰어넘는 기간이 지속되다 보니, 내 발성 근육이 변화한 것이다. 외국에서 오래 사신 분들의 한국어 발음이 약간 다르게 들리는 이유가 바로 이것인가 보다.

영어는 입 안 공간을 확장하여 공명 공간이 넓어지고 연속적으로 흐르는 발음이라서 노래하기에 아주 편하다. 이탈리아어가 클래식에서 정답이라고 한동안 인식되었던 이유는 아마도 소리의 정점이 고음하기 편하게 앞쪽으로 지정된 언어이기 때문이리라. 반면에 독일어나 프랑스어로 고음을 내기는 쉽지 않다. 입 안 공간 뒤에서부터 끌어 내려야 하는 발음들이 많기 때문이다. 언어별 특징을 이해하고 나면, 노래하기 수월해질 뿐만 아니라, 언어별로 발음할 때의 장점을 우리말로 노래할 때에도 적용시킬 수 있다. 프랑스어를 발음할 때 사용되는 공명점과 근육을 이용하면 우리말로 노래할 때 독특한 톤을 가질 수 있고, 가사 전달이 잘되며, 말하듯이 노래한다는 칭찬을 듣게 될 것이다. 영어의 입 안 공간 활용을 활용하면 가창력을 높이기 좋을 것이다.

라틴 음악의 맛은 포르투갈어라고 생각한다. 영어로 번안한 Corcovado (보사노바의 황제 안토니오 카를로스 조빔의 곡)는 정말 매력이 절반으로 떨어진 느낌이다. 감정을 많이 드러내는 것 같지 않으면서 묘한 분위기를 내는 포르투갈어는 프랑스어에서는 느낄 수 없는 순수함이 있다. 어두운 화면에 와인잔이 떠오르게 하는 성숙한 분위기가 프랑스어라면, 영화 『연인』의 여주인공처럼 앳되면서 섹시한 면이 느껴지는 것이 포르투갈어이다. 이는 소리의 정점이 앞쪽임과 동시에 비강을 사용하기 때문이라 분석된다. 프랑스어처럼 입 안 깊숙한 곳에서 끌어내는 발음이 없어서 가볍게 들을 수 있다.

반면에 내게 가장 어려웠던 순간은, 일본어로 Break away를 녹음하던 때였다. 늘 하던 내 파트인데 일본어로 바뀌니, 내 빠싸지오(경계 음역대)가 되어 버린 것 같았다. 가사가 "므슨 데따"였는데 닫히는 발음인 '므슨'으로 고음을 갑자기 하자니 소리가 잡히질 않았다. 우리말 하던 습관대로 소리 정점을 뒤로 두지 말고 약간 앞쪽으로 옮겼다면 무난하게 해냈을 텐데, 그 시절의 나는 그걸 몰라 당황했었다. 이처럼 언어에 따라 음역대가 바뀌는 느낌은 바로 소리의 위치 때문이다.

음역을 높이는 것보다 톤의 질감을 선호한다면 다른 선택을 할 수 있다. 우리나라는 고음역을 선호해 왔지만, 프랑스에서는 고음을 질색하는 이유도 그들의 언어의 질감 때문이라고 나는 분석한다. 고음을 할 때는 압력이 올라 공명이 줄어드는데, 언어 자체가 공명이 중요한 언어인 프랑스어로 고음을 하는 것 자체가 어렵고, 잘하기는 더 어렵기 때문이다. 프랑스 음악 역사에 기록되는 에디뜨 피아프는 남부 계열 발음으로, 이탈리아어 발음 위치에 가깝다. 읊조리는 스타일의 레오 페레나 장 자크 골드만과는 결이 다른 창법이라 그녀의 고음은 시원하게 들렸던 것이다. 전형적인 샹송이라는 이미지와는 다르기에 더 많은 사랑을 받았던 것 아닐까? 독창성에 유난히 열광하는 프랑스인들이니.

언어에는 소리의 위치만 담겨 있지 않고 그 문화의 성향이 담겨 있다. 언어 구조는 우리의 뇌 구조에도 영향을 미친다. 주어가 불분명해도 동사만으로 주어를 유추해 내는 우리말과 달리, 주어가 일단 먼저 시작해야 말이 되는 많은 외국어들은 타인 속에서의 나를 찾기보다는 나 자신으로 먼저 인식하게 될 것이다. 서로 장점이 다르기에 전혀 다른 언어를 하나쯤 공부하는 것은 세상과 자신을 이해하는 데 도움이 된다.

연습은 밥먹듯이~

대학교 4학년 여름방학에 아무것도 하지 않고 집에 틀어박혀 연습을 하게 되었다. 어쩌다 그렇게 되었는지 기억은 나지 않지만, 대부분의 시간을 집에서 연습하며 보냈다. 노래 연습이란 것이, 목에 피로도가 심하게 높아지면 성대에 무리가 될 수 있기 때문에 베짱이처럼 쉬엄쉬엄 하는 게 좋다. 그러다 보니 더 집 밖을 나갈 수가 없었다. 1-2시간 정도 연습하다 다시 1-2시간 쉬고, 그리고 다시 하고 또 쉬고 밥 먹고 다시 연습하고 잠시 쉬고 하는 방식이었다. 그렇기에 목에 무리가 없이 점점 컨디션을 끌어올릴 수 있게 되었고, 목에 근력이 붙어 2달 만에 큰 차이를 보게 되었다. 방학을 마치고 학교로 돌아가 노래를 하니, 선배들이 무슨 일이 있었던 거냐며 놀라셨던 기억이 난다.

개미와 베짱이 우화에서 베짱이를 보면 딱 좋은 연습 방법을 보여주고 있다. 일반적인 시선에서는 빈둥빈둥 대는 것 같지만, 즐겁게 노래하다 잠시 쉬다가 또 즐겁게 노래하는 것은 최고의 연습법이다. 한마디로 "연습은 밥 먹듯이" 하는 게 좋다. 밥은 매일 먹는다. 오늘 많이 먹었다고 다음 날 안 먹는 게 아니고, 한 번에 먹을 수 있는 양도 정해져 있다. 밥을 먹듯이 매일 조금씩 하는 것이 가장 건강하게 연습하는 방법이다.

음악을 하는 모든 사람들은 알 것이다. 자신만의 연습 시간이 얼마나 중요하고 행복한지. 하지만 연습의 목표를 잘못 정하면 몸에 무리가 가고 치명적인 부상을 가져올 수도 있다.

입시장에서 성대 결절로 노래하는 학생들을 종종 발견할 때마다 참 마음이 아프다. 좋아서 시작한 음악을, 즐거운 마음으로 하는 경험보다 입시라는 부담감에 쫓겨 지적받고 긴장하는 경험으로 시작하니 음악의 행복감을 맛볼 기회가 있었을까? 그러다 보니 무대 공포, 공황장애 같은 마음의 병을 얻기도 할 것 같다.

입시 심사를 준비할 때, 모니터 위치는 괜찮은지 체크하려고 입시생의 위치에 서 본다. 그 입시장 분위기에서 어떻게 마음껏 노래할 수 있을지 나조차도 의문이 든다. 좀 더 인간적이고 음악적인 입시장 분위기를 만들어 보려고 노력은 하지만, 여전히 뾰족한 대안을 찾지 못했다. 입시를 보러 갈 때, 입시가 아니고 그냥 노래 한 곡 하러 간다, 공연하러 간다고 가볍게 생각하기를 바랄 뿐이다. 누가 평가한다고 생각하는 순간 몸은 경직된다. 근육의 경직은 실수로 이어지기 쉽고, 호흡도 편안해지지 않을 테니 숨도 차고 입이 타들어 가게 될 것이다.

이런 이유로 발성 연습을 하기 전에 가볍게 몸을 풀어 주고 스트레칭도 한다. 목 주변 근육을 마사지해 주는 것도 도움이 된다. 실제로 녹음을 계속하다 보면 피로가 몰려 와서 되던 것도 안 되는 때가 있다. 이때 잠깐 쉬면서 목에 몰린 혈이 내려갈 시간을 주고, 목 주변 근육을 마사지하고 상체 스트레칭을 하면 컨디션 회복에 도움이 된다. 목에 이물질이 잘 생기는 체질이라면 평상시에 소금물 가글도 권하고 싶다. 배가 아플 때 할머니들이 "내 손이 약손이다~" 하며 문질러 주면 괜찮아졌던 것처럼 비과학적으로 보이지만 과학적인 이유를 담고 있기 때문이다. 소금은 소독과 불순물을 제거하는 역할을 하기에 아침 소금 가글로 비강과 후두를 씻어 내기를 20대 때부터 해 오고 있다.(체질에 따라 효과를 못 느끼는 경우도 있다)

별다른 관리가 필요 없던 20-30대가 지나고 나니 여러 가지 관리가 필요해졌다. 공연 전날에는 근육도 풀고 목에 가습도 하기 위해 탕목욕을 즐긴다. 호흡기가 약한 편이고, 예민한 장을 갖고 있는 나는 노래하기에 여러 가지 불편함이 있다. 상당히 튼튼한 성대를 갖고 있다는 장점과 공명점이 많고 큰 편이라는 장점을 빼면 취약점도 많은 편이다. 꾸준한 운동으로 부족해지는 근력도 보충하고, 저혈압도 나아져서 나름대로 잘 버티고 있다.

노래를 직업으로 삼는다는 것은, 음악하는 체육인이 되겠다는 것과 같다. 음악도 음악이지만 일단 몸이 허락해야 하는 일이니, 연주자들이 애지중지 악기를 관리하듯 보컬들도 자신의 악기인 몸을 애지중지해야 한다. 노래를 위해 평생을 바쳤다는 패티 김 선생님의 말씀이 무슨 뜻인지 단번에 이해했다.

해외 공연을 가도 컨디션 조절을 위해 일찍 숙소에 들어가 자야 하고, 카페인이나 알콜에 예민해서 맘껏 마실 수도 없다. 하지만, 금욕적인 생활이 지겨워 파티 문화에 기웃거리다 나락으로 내려가기 시작한 마리아 칼라스 실화를 읽고 덜 억울해졌다.

잠자면서도 감기 들까 봐 이불을 목까지 끌어당기는 생활을 지속하다 보니, 지치고 그만두고 싶어졌던 때가 있었다. 하지만 술이나 불규칙적인 생활의 행복감은 행복이라기보다 쾌감에 지나지 않는다는 것을 깨달았고, 너무 노심초사하는 것이 오히려 면역력을 더 떨어뜨릴 수 있다는 설을 듣고 즐거운 마음으로 바꾸려고 노력한다.

연습할 때는 무대에서 즐겁게 노래할 내 모습을 상상하고, 무대에 오르기 전에도 맘껏 즐거워하자고 다짐한다. 하지만 빅마마 재결합 공연을 준비하면서, 간만에 하는 큰 공연에서 실수할까 봐 걱정이 되었던 것도 사실이다. 10년 전처럼 노래하려고 연습을 열심히 하긴 했지만, 관객들에게 어떻게 느껴졌을지는 모르겠다.

할 수 있는 노력은 다 한다. 무대에 오른 날, 후회하지 않을 만큼. 충분히 노력했다면 무대에서 갑자기 발생하는 실수를 내 탓이라고 자책할 수는 없는 것이다. '사고'는 늘 예고 없이 닥치는 법이고, 그것은 그 누구의 잘못도 아니다. 그냥 이불킥 한 번 하고, 다음 공연을 위해 다시 연습하면 된다. 가끔 체해도 다시 밥을 먹는 것처럼!

O2
P2
2023
BIGMAMA CONCERT
ACT

A2
B2
Big mama
Big mama
2023
BIGMAMA CONCERT
ACT

교육자로서의 나

학교에 몸 담은 시간이 꽤 길다. 처음엔 교직에 오래 몸담을 생각은 없었는데, 하다 보니 나와 잘 맞는다는 생각이 든다. 좋은 어른이 되고 싶고, 멋있는 스승이 되고 싶다.

음악을 잘한다고 해서 좋은 선생님이 되는 것은 아니다. 또, 좋은 선생님이라고 해서 모두 음악을 잘하는 것도 아니다. 많은 경험이 있으면 좋은 선생님이 될 확률은 높지만, 교육에 대한 개념과 학생에 대한 애정이 없다면 그것 또한 장담할 수 없다.

음악 전공자들이 졸업 후 주로 쉽게 시작하는 일은 '레슨'이다. 배운 음악적 기술을 가르쳐 주는 것, 일반 학과로 치자면 '과외'라 할 수 있겠다. 그런데 개인적으로는 이런 사교육 시스템에 문제가 많다고 생각한다. 교육학을 전공한 사람만 교사가 되는 공교육과 달리, 가르치는 기술만 있으면 누구나 가르칠 수 있는 사교육 현장에서는 교육자가 인성교육, 교육관, 교수법에 대해 고민할 기회가 거의 없기 때문이다.

학생들은 수업으로만 배우지 않는다. 교육자의 삶의 태도, 말투, 사고방식까지도 배운다. 교직에 몸 담은 지 10년이 넘은 시점에서야 교수법의 중요성을 절실히 깨달았다. 자신의 주장을 지나치게 강하게 하면 학생을 가스라이팅하게 될 수도 있고, 책망하거나 질책하는 어투를 자주 쓰면 학생의 자존감을 떨어뜨릴 수도 있다. 특히 예술교육은 마인드 컨트롤이 중요한 영역이기에 더욱 조심해야 한다. 그래서 나는 후배 교사들에게도 심리학 책이나 교육학 책을 꾸준히 읽고 수업에 임하라고 권하고 싶다.

학교에서 교수법 관련 연수를 받은 적이 있는데, 그때 읽은 박남기 님의 『최고의 교수법』이 가장 기억에 남는다. 그중에서도 특히 마음에 남는 문장은 "학생들이 배우고 있다는 사실을 모르게 가르쳐라"라는 말이다.

이 말에는 많은 뜻이 담겨 있다. 학생들에게 권위적인 방식으로 가르치지 말 것, 학생 스스로 궁금해하고 탐구하는 과정에 빠져들 수 있도록 수업을 진행할 것. 외국 한 교수의 사례를 보면, 여러 가지 시험 문제가 적힌 공이 든 상자에서 학생이 눈을 감고 문제를 뽑아 풀게 하거나, 수업 때마다 자연스러운 토론으로 주제를 정하는 식이었다. 이렇게 학생들이 즐거워할 수 있는 놀이적 요소를 수업에 도입한 것이다.

파리 어학원을 다니던 시절, 초급반 선생님의 수업 방식도 떠오른다. 그분은 마치 코미디 배우처럼 표정 연기를 곁들이며 배운 단어를 활용해 모든 학생들이 돌아가며 한 문장을 완성할 수 있도록 기다려 주셨다. 또 지치거나 민망해하지 않도록 분위기를 웃음으로 풀어 주셨다. 그때 배운 것들은 지금도 잊히지 않고 온전히 내 것이 되었다.

많은 양을 가르치는 게 중요한 것이 아니다. 하나를 가르치더라도 완전히 익힐 수 있게 하는 것이 더 중요하다. 가르친다는 행위에 도취되면 정작 학생을 위한 수업이 아니라, 가르치는 본인만 만족하는 수업에 빠질 수 있다.

교육자도 사람이기에 개인적인 감정에 따라 수업의 기복이 있을 수 있다. 하지만 적어도 교단에 설 때만큼은 감정을 배제하려 노력해야 한다는 것을 배웠다. 늘 매번 잘해내는 것이 무대에 오르는 것만큼 쉽지 않아, 가끔은 부족하고 소홀할 때도 있었던 것 같다. 그러나 교육자에게는 '늘 하던 수업'일지라도, 매년 만나는 학생들에게는 '단 한 번의 수업'이라는 사실을 잊지 말아야겠다.

학교에 몸 담은 시간이 꽤 길다.
처음엔 교직에 오래 몸담을 생각은 없었는데,
하다 보니 나와 잘 맞는다는 생각이 든다.
좋은 어른이 되고 싶고, 멋있는 스승이 되고 싶다.

음악 안에서 진로를 고민할 때

코러스 녹음 세션을 하는 동안, 왜 나는 만족하지 못했을까? 그 시기에 함께 코러스를 했던 동료들은 비교적 만족하는 것 같았다. 공연 연주 세션에서도 다들 즐겁게 참여하는 눈치였다. 그런데 왜 나는 그 안에 잘 섞이지 못했을까?

늘 어색해하는 내 성격을 탓한 적이 많았다. 애써 아닌 척하다가도 집에 돌아오면 자괴감이 들 때도 있었다. 사회생활이란 게 원래 그런 것일까?

하지만 내 음악을 할 때는 달랐다. 다른 사람처럼 변했다. 더 적극적이었고, 더 많이 웃었고, 더 활발하게 열심히 할 수 있었다. 물론 나는 늘 무엇이든 열심히 하는 스타일이었지만, 내 음악을 할 때는 정말 더 이상 할 수 없을 정도로, 후회 없이 열정을 쏟아냈다.

그 이유를 곰곰이 생각해 보니, 내 성향은 세션맨의 성향이 아니라 자기 음악을 해야 하는 사람의 성향이었던 것이다. 세션맨은 음악을 만든 사람의 곡을 정확히 이해하고 소화해 내 곡처럼 표현해야 한다. 정밀한 기술과 완벽한 마무리가 요구된다. 타인이 그려 놓은 밑그림 위에

포인트를 살려 주고, 그 그림을 더 빛나게 해 주는 역할이라 할 수 있겠다.

자기 음악을 해야 하는 사람은, 이야기하고 싶은 게 많은 사람이다. 자신의 생각과 감정을 토로해 내고 싶고, 그것을 공감하는 사람들과 나누고 싶어 한다. 물론 음악적 기술도 필요하겠지만, 그것보다도 말하고자 하는 이야기가 분명한 것이 더 중요하다. 백지 위에 마음대로 그림을 그리고 싶은 사람인 것이다.

반대로 세션맨의 성향이 맞는 사람에게 자기 이야기를 하라고 다그치면 오히려 난감해한다. 학교에서도 자작곡을 쓰거나 자기 생각을 표현하라고 하면 어려워하는 학생들이 있다. 그들은 타인의 곡을 잘 해석해 내고 불러내는 보컬리스트이거나, 세션맨으로서의 성향에 더 가깝다고 본다.

앞으로 나서서 노래하는 것보다 뒤에서 다른 사람과 함께 음악을 맞추는 코러스를 즐거워하는 이들도 있다. 모두가 프론티어, 즉 무대 앞에 서는 사람이 될 필요는 없다. 그럴 수도 없고. 본인의 성향이 무엇인지 먼저 파악하고, 스스로 편안한 곳에서 음악을 하면 된다.

고객의 요구에 맞춰 음악을 뽑아 내는 광고 음악, 영상을 이해하고 그 영감으로 음악을 만들어 내는 영화음악이나 뮤지컬처럼 융합 음악을 즐기는 사람도 있다. 음악 분야에는 대중음악 가수만 존재하는 것이 아니다.

나 역시 세션맨 시절에 경험했던 광고음악이 나름 재미있었다. 짧은 시간 안에 광고 이미지에 맞는 노래를 불러야 해서 빠른 곡 해석력이 필요했는데, 몇 번 불러 보면 내가 해낼 수 있는 곡인지 아닌지 금방 판단이 되었다. 그 속도감이 흥미로웠다. 다만 안 맞는 성향의 곡은 백 번을 불러도 답이 나오지 않는다. (물론 실제로 백 번까지 시도하게 두지도 않는다.) 결국 빨리 포기하고 다른 사람을 섭외하게 되는 것이다.

드라마에 삽입되는 곡은 주인공의 감정선을 표현해 주면 되기에 오히려 쉬웠다. 게다가 나의 성향을 알고 섭외해 주시는 분들이라, 내가 소화하지 못할 곡을 맡기지도 않으셨다. 그래서 고비를 느낄 만큼 시간을 오래 끌 일도 없었다. 그런데 그 과정에서, 내 음악을 할 때 자꾸 빨리 마치려는 나쁜 습관이 숨어 있다는 것을 발견하게 되었다.

음악은 너무 좋은데 무대 공포가 심한 사람들은 음악을 포기하게 되는 경우가 많다. 그러나 음악을 포기한다고 해서 인생을 포기하는 것은 아니다. 음악과 관련된 직종은 참 많다. 오히려 음악인으로 사는 것보다 음악 관련 직종에 종사하는 것이 개인적으로 더 편안할 수도 있다. 예를 들어 음악 관련 회사 직원, 음악 연구자나 교수, 엔지니어, 매니저, 저작권협회나 실연자협회 직원 같은 직종일 것이다. 음악 플레이어만 양산해 내는 현실에 아쉬운 점이 이것이다. 많은 사람들이 무대 위에 빛나는 사람을 희망하지만, 그 사람이 빛나기 위해 수많은 사람들이 무대 뒤에서, 그 무대를 만들기 위해 힘을 모은다는 사실을 가르쳐야 한다. 혼자서 빛날 수 있는 뮤지션은 없다. 플레이어로만 살아왔기에 그들의 소중함을 더 절감한다. 멋진 음악 시장을 만들어 가고 멋진 무대를 만들어 가는 일들이 얼마나 중요하고 빛나는 일인지 모두가 알았으면 좋겠다.

타고난 대로 살아야 한다는 말은, 사실 기운 빠지는 말이다. 본인이 원하는 길을 개척해 나가는 힘조차 유전자에 내재되어 있어야 가능하다는 니체의 말을 부정할 순 없지만, 그렇다고 해서 원하는 것이 무엇인지 알아낼 때까지 지치지 않고 찾아다니는 일의 가치를 부정할 수는 없다.

경험하지 않고는 알 수 없는 것들이 너무 많았기에, 오랜 시간을 여러 음악을 두루 경험했던 그 시간들을 후회하지 않는다. 그런 시간들 때문에 데뷔가 늦었다고 생각할 수도 있겠지만, 오히려 그런 시간이 없었다면 늦은 나이에 데뷔를 할 수조차 없었을 것이다. 나이테를 만들어 주었던 힘든 하루하루에 감사하고, 그날들을 꾸역꾸역 버텨 낸 스스로에게 박수를 보내게 될테니, 오늘의 괴로움을 내일은 잊어 내길 바란다.

타인과 함께 노래한다는 것

어린 시절, 늘 언니와 화음을 맞춰 노래하며 놀았지만 성인이 되어서는 화음에 관심이 없었다. 혼자 열심히 내 가창력을 향상시키는 것에만 관심이 많았다. 내 안의 여러 소리를 발견해 내고 다듬어 나가는 것이 재밌었다. 그러다 선후배와 함께 코러스를 하게 되는 상황이 왔고, 그러면서 많은 걸 배웠다. 또한 나 혼자서는 도저히 만들어 낼 수 없는 결과물이 함께할 때 만들어지는 것에 감탄했다.

보컬 편곡적인 면에서 보면, 서로 다른 목소리들의 조합은 가장 이상적이다. 오히려 너무 비슷한 목소리와 음역대를 가진 사람들이 함께 할 때는 그 효과가 그리 크지 않다. 서로 다른 목소리가 만났을 때, 서로의 목소리 파장이 보완되면서 더 풍성해진다. 혼자서 열심히 다른 사람인 척 목소리를 바꿔서 16트랙 녹음을 한 결과물이 '빈칸채우기'로 함께 4트랙을 녹음한 결과보다 그리 좋지 않았다. 풍성한 코러스를 만들고 싶을 때는 무조건 다른 목소리를 섞으라고 조언하고 싶다. 하지만 아주 정확하게 표현해야 하는 부분을 2-3명이 유니즌(같은 음을 함께 부르는 것)으로 부르는 것은 프로라 하더라도 정확도를 맞추려면 시간이 걸리고 자칫 지저분하게 들릴 수 있다.

세상살이도 비슷하다. 많은 사람이 같은 생각을 할 수는 없다. 서로 다른 생각과 방식이 조화를 이루면 더 큰 에너지가 만들어지고 서로 보완이 된다. 세상은 혼자 사는 것이 아니란 걸 깨닫게 되었다. 음악은, 나만 잘하면 되는 줄 알았는데, 하나의 음악이 세상에 나오기까지 아주 많은 사람들의 손길이 필요하다. 그 손길들이 한 뜻으로 잘 만들어졌을 때 큰 성공이 따라오는 것이니, 혼자 이루어낸 성공이라 할 수 없다.

한 가수의 앨범이라 해도 작곡, 작사, 편곡, 연주, 그리고 음향 엔지니어, 자켓 디자인, 홍보 방식, 제작 지원 등 여러 분야의 사람들이 필요하다. 물론 혼자 다 해내는 사람도 있지만, 그만큼 오랜 시간이 들고 다양한 아이디어를 갖기는 어렵다.

사람들과 함께 생각을 나누고 같은 방향을 바라보고 에너지를 모아 협업하는 것이 중요하다는 것은, 학교에서 교육 과정을 만들면서 더 확신하게 되었다. 음악계에는 음악은 잘하는데 협업하기를 힘들어하는 사람들이 많다. 학교에서 협업의 중요성을 실습하게 하고자 조별 과제를 시키는 경우가 많은데, 내가 학생이라 해도 싫을 것 같긴 하다. 세상엔 하기 싫은 일이 많은데, 그걸 미리 학습시키는 게 맞을까? 어차피 할 거니까 나중에 하라고 하는 게 맞을까? 난 전자를 택한다.

하기 싫은 일을 부딪히지 않고 매끄럽게 해 나가는 방식을 터득하려면 수많은 연습이 필요하니 미리미리 연습하라고 말한다. 싫다고 안 할 수 있는 게 아니니까. 하기 싫은 일을 잘 해내는 사람이 결국 하고 싶은 일을 더 빨리 이뤄 내더라. 수많은 사람들이 함께 노래하는 세상살이에서, 보다 아름다운 세상을 만들기 위해 상대의 화음에 맞추고 자신을 조절하는 배려심이 필요한 이유이다.

하기 싫은 일을 부딪히지 않고
매끄럽게 해 나가는 방식을 터득하려면
수많은 연습이 필요하니 미리미리 연습하라고
말한다. 싫다고 안 할 수 있는 게 아니니까.

대학교를 졸업하고 음악을 하겠다고 마음은 먹었지만, 아무것도 보이지 않을 때가 있었다. 어느 날 밤, 멍하니 앉아 나의 40대를 상상하다 두렵고 무서운 마음에 눈물을 흘렸던 밤을 잊지 못한다. 그날 밤의 기억이 각인되어, 우려했던 미래가 오지 않길 바라며 노력하며 살아오긴 했다. 부정적인 것을 인지했을 때의 긍정적 효과이긴 했지만, 많이 불안한 채로 살았다.

결과만 좋다고 모든 과정이 용인되지는 않는다. 결과 위주의 교육제도 아래에서 살아온 관성이라는 걸 유럽에 가서야 깨달았다. 마음껏 잠을 자도 괜찮다는 것, 아니 심지어 건강에 좋다는 것, 공부를 하더라도 휴식이 중요하다는 것. 걱정하는 일의 대부분은 실제로 일어나지 않는다는 것, 우리에게 행복감을 주는 것은 흔히 말하는 성공만이 아니라는 것. 실패하면서 얻는 교훈도 크다는 것, 누구나 실수를 한다는 것 등이다.

무언가 절대 일어나지 않기를 바라거나, 무언가를 너무 간절히 바랄 때 불안이 싹튼다. 간절한 마음을 믿음으로 연장하지 못하고 불안으로 키워 내는 이유는 뭘까? 뇌는 부정 명령어를 인식하지 못한다고 한다. '코끼리를 생각하지 마라'고 하면 오히려 더 코끼리를 생각하게 되는 것처럼. 그래서 일어나지 않기를 바라는 무언가를 상상했던 오류가 나를 불안하게 했던 것 같다.

반면 노래 연습을 할 때에는, 나를 좋아하는 관객이 있는 무대 위에서 있다고 상상한다. 그럴 땐 마음이 참 가볍다. 마음이 가벼우면 근육이 이완되어 실제로 노래도 더 잘 된다. 힘을 과하게 주는 일보다 힘을 적당히 빼고 "자연스럽게" 하는 것이 고수의 길이란 것은 다 아는 바이다. 힘을 주면 많은 에너지가 소모된다. 에너지가 소모되면 지치고, 지치면 부정적인 마인드로 전이되기 쉽다.

특히 감성적인 사람이라면 육체적인 피로나 고통이 본인의 정신력에 영향을 미치기 쉽다. 감성적이지 않더라도 육체의 고통은 정신을 지배한다. 니체 같은 철학자가 정신착란까지 가게 된 것도, 어릴 적부터 지닌 편두통과 위장병, 시력 약화 등의 육체적 고통에서 비롯되었을 것이다. 감성적인 사람은 이성적으로 판단하려 노력하고, 이성적인 사람은 감성적으로 받아들이려 노력한다면, 인생에서 가장 큰 '균형 잡기'를 이뤄 내겠지?

불안을 다스리는 나의 방법은, 불안의 원인부터 찾는 이성적 사고이다. 그리고 불안할 만한 상황이라 판단되면 불안한 내 자신을 받아들이는 것이다. 체력이 저하되고 모든 의욕이 상실되던 40대 중반의 어느 날에는 '이래 가지고 남은 인생을 어떻게 살며 꾸역꾸역 산들 무슨 의미가 있을까' 싶었다. 그런데 지난날의 나를 돌아보다 내가 강한 사람이 아니었다는 사실을 깨달았다.

'아, 난 원래 약한 사람이었구나... 그걸 이기고 살아왔던 거구나...'

그 순간 갑자기 온몸과 마음이 편안해짐을 느꼈다. 강해야 하고 잘해야 한다는 강박이, 원래 약했던 사람에게는 소화불량을 가져올 만큼 부담스러운 일일 테니까. 약한 나였다면 이제부터는 좀 약한 모습으로 살자고 마음을 바꿨더니 훨씬 몸이 가벼웠다. 지금 못하면 다음에, 아니 언젠가 잘하면 되고, 실수해도 웃어 넘기고, 모르면 배우면 되는 일이니 걱정이 사라졌다. 마음에 품고 있던 목표를 이루지 못한 스스로를 질책할 일이 아니라, 마음을 품으면 언젠가는 이룰 것이다 믿고 하루하루 그 일을 30분이라도 하고 있으면 된다. 결과는 시간이 가져다 줄 테고, 결과까지는 우리의 몫이 아니다.

공연 연습을 시작하려는 시기를 하루 이틀 넘기면 불안이 조여온다. 그런 날이 며칠 더 가면 악몽을 꾼다. 조명으로 빛나는 무대에 올라야 하는데 다음에 불러야 할 곡을 내가 깜빡하고 연습을 못했다는 걸 깨닫는 꿈이다. 머리털이 쭈뼛 서고, 심장이 쿵쾅거리다 깬다. 그런 날은 바로 연습을 시작한다. 아무리 피곤하고 시간이 없는 날이라 해도 30분이라도 연습을 하면 숙면을 할 수 있다. 문제들의 대부분의 해답은 내 자신이 알고 있더라. 알고 있는데 안 하고 있어서 불안했던 경우가 많다.

반면에 간절히 바라는 일이 이루어지지 않을까 불안할 때엔, 다른 일을 생각한다. 다른 방식의 삶의 가능성이 열려 있다는 생각을 하는 것이다. 이별이 닥치면 이 사람 없는 인생을 어떻게 살아갈 수 있나 겁이 덜컥 나지만, 나 자신의 행복이 그 사람에게만 달려 있는 것은 아니란 걸 인식하면 무리하게 붙잡으려 하지 않을 것이다. 그 사람도, 살아가다 우연히 만난 사이가 아닌가?

삶의 목표를 세우고 꿈을 갖고 실현하라는 인생 설계에 대한 조언은 좋은 말이다. 좋은 말이라 해도 내가 받아들일 수 있는 마음의 상태가 아니면 모든 말은 폭력적인 강압으로 느껴질 수 있다. 나 자신의 마음을 바라보는 것이 가장 중요하더라. 심지어 책을 고를 때도 마음의 상태에 따라 다르다. 내가 약해지는 시기에는 위로와 공감을 주는 문학을 선택하게 되고, 활력이 넘치는 시기에는 지식 습득을 할 수 있는 책들을 고르게 된다. 어떤 때에는 태양이 되고 어떤 시기엔 달이 되는 것이다. 하얗게 만개한 꽃잎과 길바닥에 떨어진 누런 꽃잎은 같은 목련 꽃잎이다. 시기에 따라 달라지는 것은 당연하다. 지금 불안한 내 모습이 평생의 내 모습이 될 수 없다.

약해지는 시기에는 그냥 약한 모습으로 살자. 불안해해도 괜찮다. 대신 남과 비교해서 불안해하는 것은 끝이 없을 것이니, 굳이 비교하고 싶다면 자신의 과거와 현재, 미래만을 놓고 비교하길 권하고 싶다. 삶은 사람들의 얼굴 모양새만큼이나 다양한 모습이고, 각자만의 길이 있다. 각자만의 시계가 있어서 어떤 사람의 시간은 초반에 빨리 흐르다 느려지기도 하고, 또 어떤 사람은 멈춘 듯이 느리다가 나중에 빨라지기도 한다. 물론 일정한 간격으로 시간이 흐르는 사람도 있다. 각자의 시간은 우리의 선택이 아니다. 아무리 노력해도 되지 않는 일은, 강물에 흘려 보낼 줄도 알아야 내 자신을 지킬 수 있다. 우리 자신보다 중요한 것은 그 무엇도 없으니까.

자존감이 바닥일 때

내 자신이 맘에 들지 않을 때가 있다. 내 기대가 높다는 생각은 하지 않고, 늘 기대에 못 미치는 나와 그래도 가끔 괜찮아 보이는 내가 티격태격할 때가 있다. 애꿎은 일기장만 가득 채우는 날들이 많았다.

돌이켜 보니 높은 기준을 정한 것도 문제였지만, 그 기준에 다다를 만큼의 시간과 노력을 충분히 기울이지 않았던 것이 더 큰 문제였다. 성장은 시간과 고통을 필요로 하는 법인데, 고통을 고통으로만 받아들이니 그 기다림의 모든 시간이 고통 그 자체였다.

나무의 나이테가 나무를 더 튼튼하게 만들어 준다고 한다. 음악인으로서든 사람으로서든 성장하기까지는 나이테를 만드는 과정과 시간이 필요하다. 모두가 바라는 빛나고 멋진 것들은 쉽게 얻어지지 않는다. 괴롭고 힘들고, 자신이 마음에 들지 않는 시간들이 당연한 거라고, 그렇게 성장하는 거라고 누군가 말해 주었더라면 나 자신에게 조금 더 너그럽고 친절하게 대했을 텐데...

젊은 날의 나에게 미안한 마음이 들어서, 그 나이 때의 제자들을 보면 자주 해 주는 말이 되었다. 실천 가능한 계획을 세우고, 하나씩 실천

하면서 자존감을 높여 주라고. 스스로가 본인의 학생이거나 친구라면 어떤 말을 해 주었을 것 같은지 생각해 보라고. 계획의 강도를 낮게 시작해서 성취감을 얻고, 능력이 향상되면 서서히 조금씩 높은 기준을 만들어 보라고 권하고 싶다. 운동선수들이 허들을 넘는 훈련을 하듯, 1단계부터 차근차근.

세상의 모든 아름답고 멋진 것들은 수고로운 법이다.

길을 잃었다.
아니, 길을 잃었다는 생각이 든다.
그냥 생각일 수도 있다.
어쩌면, 새로운 길을 모색해 낼
절호의 기회가 온 건지 모른다.

멈추면,
주변을 더 잘 둘러보게 될테니.
새로운, 다른 가능성을 발견할
확률이 높아지는 것일지 모른다.

잘했다. 수고했다.
이런 칭찬을 내게는 참 야박했다.
늘 부족하고 성에 안 차고.
다음엔 이거, 저거 시키는 게 앞섰고.
그런 시절 저런 시절 다 겪어내고
지내 온 나에게 이젠,
칭찬을 좀 해 주자.

수고했어. 충분히.
고생했어.
실수할 수도 있지.
괜찮아, 아직 끝난 게 아니니까.

힘을 빼고 다시 유유히 걷다.

쉬엄쉬엄, 천천히

올해 상반기는 안식기로 정했다. 난생처음 맞이하는 안식기였다. 음악 활동 28년 만이고, 교수로 학교에 몸담은 지 17년 만의 휴식이다. 2-3년 전부터 몸 컨디션이 많이 떨어졌고, 여기저기 삐걱대는 몸을 보약과 운동과 스트레칭으로 대충대충 돌려 막으며 지내다 이젠 정말 안 되겠다는 결단을 하게 된 건, 무엇보다도 목까지 차오른 고단함 때문이었다.

왜 2-3년 전부터인 건지 생각해 보니, 그냥 나이 먹음이라 하기엔 너무나 과한 일정을 해 내던 시기였다. 빅마마 재결합으로 30대에 하던 노래들을 다시 그대로 해야 할 뿐만 아니라, 9년 만의 재결합이니 여기저기 알려야 해서 홍보 활동도 30대 시절처럼 해야 했던 이유도 있다. 게다가 그때는 하지 않던 학교 업무(보직을 맡고 있었다)와 수업까지 병행해야 했다. 학교가 군산에 있어 출퇴근 자체도 체력 소모가 컸다. 여러 가지 이유들이 맞물려 휴식이 다급해졌다. 학교에는 연구년을 신청해 6개월을 얻었다. 연구 프로젝트를 해야 하지만 큰 부담은 없었다. 빅마마 활동 또한 멤버의 출산으로 휴식기에 접어들었다. 생각해 보니, 사는 동안 이런 휴식 기간을 가져 본 적이 없었다.

대학을 졸업하자마자 코러스 활동을 시작했고, 그러다 유학을 갔고, 빅마마 활동을 위해 돌아왔고, 빅마마 활동을 이어가며 학교 전임교수가 되었다. 학교에서는 4년 차부터 학부장을 늘 맡아 왔기에 연구년 신청 조건에서 제외 대상이었다.

나에게 "휴식"이란 어색한 단어가 기대감과 함께 약간의 긴장감까지 가져왔다. '어떻게 노는 거지? 일을 안 하면 난 무얼 하지?' 그러다 한 달 정도 지나자 '꼭 일을 해야 하는 건 아니네... 쉼이 필요했네...'로 바뀌었다.

20-30대에는 늘, 매일매일이 나와의 전쟁, 세상과의 전쟁이었다. 돈 주고도 산다는 청춘이 무거운 짐으로만 느껴지기도 했고, 법적 은퇴 연령인 65세를 동경하며 고비의 순간들을 넘겨왔다. 위로랍시고 하시는 "인생 짧다. 금방 간다. 젊을 때가 좋은 거다."라는 어른들의 말이 야속하기만 했다.

'깔딱고개를 넘느라 하루하루가 길기만 한데 인생은 또 얼마나 길까... 이 젊음의 대가는 왜 이리 무거운가... 내 청춘은 나를 과대평가하고 자꾸 무언가를 해 내라고 하고, 나이는 왜 이리 늦게 먹는지, 한 해에 두 살씩 먹어 치우고 얼른 65세가 되고 싶은데...' 그 "음악"이란 것에 빠져서 내 인생보다도 그것이 먼저였고, 나의 휴식은 죄책감을 가져다 주기만 했었다. 음악 자체를 좋아한다고 하기엔 결과물을 늘 원했고, 만들어 내야 한다고 생각했기에, "하고 싶은 거 하고 살아서 좋겠다"라는 말을 들을 땐 생각이 많아졌다.

'하고 싶은 음악을 하기 위해 얼마나 많은, 하기 싫은 일들을 해 왔는지 알지도 못하면서… 얼마나 보기 싫은 사람들을 상대해 왔는지 알지도 못하면서…'

일일이 내 이야기를 할 데도 없었지만, 그런 성격도 못 돼서 그냥 혼자 시간을 보내는 것이 가장 평안한 시간이 되었다.

빌리 홀리데이, 에디뜨 피아프, 세자리아 에보라, 피오나 애플 등 내가 바라보는 여가수들의 삶은 모두 녹록치 않았다. 기구한 삶이 오히려 그녀들의 음악에 자양분이 되는 것처럼 보이기도 했다. 결핍은 음악에 있어서 성장 동력이 된다고 믿게 되었다. 그것이 물질적 결핍이든 정서적 결핍이든… 아파 본 사람만이 남의 아픔을 진정으로 공감할 수 있을 테니, 결핍을 아는 음악인의 음악은 누군가의 결핍과 아픔에 연고처럼 더 빨리 스며들지 않을까?

청춘의 나는 그런 결핍을 오히려 반가워했다. 음악을 더 잘할 수만 있다면 영혼이라도 갖다 팔겠다는 듯. 과연 그것이 옳은 생각이었느냐고 지금 내게 묻는다면, 잘 모르겠다.

인생은 한 번이다. 지나고 나면 다시 돌아갈 수 없다. 과거의 내게 해 주고 싶은 말은, 기다리는 시간을 잘 보내라는 것이다. 꿈을 이루지 못해 안달복달하면서, 하루하루 스스로를 질타하며 괴롭히지 말고, 조금 늦더라도 설사 이루지 못한다 하더라도 그 과정을 조금만 더 즐겨보라고 하고 싶다.

우리나라 교육 방식에서 자란 사람들에게 가장 어려운 말, "즐겨라!" 바로 그 말이다. 꼭 무언가 결실을 맺어야 의미가 있는 것은 아니란 걸 이제야 깨달았다. 누군가 "당신은 이루었기 때문에 그렇게 말하는 거다"라고 한다면, 반박할 근거가 딱히 없긴 하지만, 삶은 그 자체로 아름다울 수 있으니까. 결실을 맺기 위해 태어난 게 아니고 '그냥' 태어난 거니까.

그 아름다움을 느끼고 바라보는 시간을 보내면 더 아름다운 얼굴로 살아갈 수 있지 않을까? 모든 순간을 즐기기만 하라는 건 아니다. 이를 악물고 버티며 노력해야 하는 순간도 필요하다. 눈물 흘리는 밤도, 참아 내느라 이불을 발로 차는 밤도 다 필요하다. 하지만 그러한 순간까지도 아름다운 것이 "삶"이란 걸 누군가 미리 가르쳐 주었다면 참 좋았겠다는 아쉬움이 있다.

고비를 넘어 굳은살을 얻기까지 아픔을 견뎌야 마음껏 기타를 칠 수 있는 자유로운 순간이 오듯, 음악도 삶도 절대로 공짜가 아니다. 그리고 늘 행복하지만도 않다. 늘 아름답지만도 않다. 사람의 감정이 단편적이지 않은 것처럼 우리의 인생도 한 단어로 설명 가능하진 않으니까.

꽤 성숙해진 지금의 나는, 음악도 중요하지만 내 삶도, 내 휴식도, 건강도, 사랑하는 사람과 보내는 시간도 모두 소중하다는 걸 안다. 음악을 잘하는 좋은 사람이고 싶었던 젊은 내게, 조금 천천히 가도 괜찮다, 급하게 마음먹어도 해결되는 일은 하나도 없으니 이왕 보내는 시간을 여행하듯이 보내라고 전하고 싶다.

어차피 걸어가야 하는 길, 하늘도 보고 꽃도 보면서
느긋한 마음으로!

나침반이 필요할 때

길을 잃을 때가 있다. 아니, 길을 잃었다고 생각할 때가 있다. 늘 하던 음악인데 갑자기 무의미해지고 "이게 맞나?", "이거 해서 뭐 하나?" 하는 힘 빠지는 생각에, 물 젖은 솜처럼 몸이 무거워질 때가 있다. 늘 하던 일인데, 그것밖에 할 줄 모르는데, 이런 생각에 빠지면 정말 난감하다.

돌이켜보니 여러 번의 슬럼프가 있었다. 코러스 세션으로 바쁘던 20대에도, 무작정 프랑스로 향했던 29살에도, 빅마마 활동이 중단되었던 시절에도, 체력이 급격히 떨어져 자신감이 상실되었던 40대 중후반에도, 그리고 불과 얼마 전인 작년 말에도.

"슬럼프를 어떻게 대처하느냐"는 질문을 받은 적이 두어 번 있다. 슬럼프를 대처하는 방법이 있던가? 어이없게도, 뭐 특별한 방법은 없었다. 해야 하는 상황이면 그냥 참고 했고, 잠깐 놀아도 되는 상황이면 좀 놀면서 했다.

슬럼프인지, 또 다른 도약을 위한 성장통인지 구분하기가 쉽지 않다. "지금 잘하고 있는 게 맞나?" 하는 자기검열은 오히려 긍정적인 자기성찰을 가져다 줄 수 있는 것 같다. 매일 일기장에 쏟아내던 고민들과 반성들을 읽어 보니, 그 몸부림 덕에 새로운 길을 구상하고 내가 진정으로 원하는 곳으로 한 걸음씩 더 다가갈 수 있었던 것 같다.

더러는 그냥 몸이 지쳐서 쉬고 싶을 때 회의감이 오기도 한다. 그런 시기에는 중요한 결정을 잠시 미루는 것이 좋다는 경험을 했다. 내가 돌아오기를 기다리는 것이다. 기다리는 시간은 참 중요하다. 기다리는 시간을 잘 지내는 사람이 행복을 더 잘 느낄 수 있다.

약속 시간에 늦는 상대를 원망하며 짜증 내기보다는 잠시 하늘을 바라보거나, 심호흡을 하며 잠깐의 평온을 누려보면 오히려 늦는 상대가 고마울 수 있다. 꿈을 향해 달려가다 지치는 순간이 있다. 나 혼자만의 노력으로 되지 않는 일이라는 생각이 들 때는 다 소용없는 일이다 싶기도 하다.

결국은 '인맥'이 해답이라는 주변의 속설에 흔들려, 그 인맥이 되어 줄 '귀인'을 찾아 헤매기도 한다. 인맥이 중요하지 않은 것은 아니지만, 내가 살아가는 방식의 길 위에서 만나는 사람들을 귀인으로 삼으면 좋은 인맥이 되는 것이지, "내가 누구 알고 있다, 누구랑 친하다"라는 것이 인맥은 아니다. "누구랑 친하다, 누구 누구 잘 안다"고 떠벌리는 사람 치고 믿을 사람 없더라. 사람의 말보다는 행동을 봐야 한다. 그런 면에서, 원하는 꿈을 꾸며 마음만 바라고 행동을 하지 않고 있다면 비슷한 사람인 것이다.

무엇이든, 사고가 발생하는 것보다 예방하는 것이 더 쉽다. 슬럼프가 올 정도까지 참고 밀어붙이지 않는 게 좋다. 적당히 쉬어 주면서 매일 조금씩 해 나가야 오래 할 수 있다. 참는 것은 언젠가는 보상을 바라며 폭발하게 돼서 긴 휴식이 필요해진다.

매사를 '놀이'라 생각하면 마음이 가벼워진다. 하지만 진정한 '놀이'는 가볍지 않은 결과를 가져올 것이다.

길을 잃을 때가 있다. 아니, 길을 잃었다고 생각할 때가 있다.
늘 하던 음악인데 갑자기 무의미해지고 "이게 맞나?",
"이거 해서 뭐 하나?" 하는 힘 빠지는 생각에,
물 젖은 솜처럼 몸이 무거워질 때가 있다. 늘 하던 일인데,
그것밖에 할 줄 모르는데, 이런 생각에 빠지면 정말 난감하다.

친구가 필요해

학교에 입학한 신입생들에게 늘 하는 조언은, "평생 갈 수 있는 음악 친구를 학교에서 찾아라"이다.

우리나라에서 음악인으로 살아간다는 것은, 스스로 외로워지겠다는 의미를 포함하고 있다. 유명인이 되는 경우는 극소수이고, 나머지 음악인들은 일반인의 이해를 받지 못한 채 살아가고 있는 게 현실이니까. 그 외로운 인생길을 함께 걸어가며 이야기할 친구가 있다면 음악을 계속할 힘을 얻게 되는 것이다.

싱어송라이터이건, 곡을 파는 작곡가이건, 작사가이건 그들만의 크루가 있다. 우리나라의 집단 문화를 좋아하진 않지만, 집단의 힘은 믿는다. 집단이 되면 서로 정보를 교환할 뿐만 아니라 심리적으로 의지가 되고, 직접적인 도움을 얻기도 쉽다.

학교 수업만 듣고 집에 돌아가는 것보다, 수업엔 안 들어오더라도 음악 친구들과 어디서든 음악 활동을 하고 있다면 오히려 난 그것을 응원하고 싶다. 나와 맞는 작자나 연주자를 찾는 것이 얼마나 중요한가를 뒤늦게 깨달았기 때문이기도 하다. 세상살이가 그렇듯 음악 역시 혼자 하는 게 아니더라.

싱어송라이터이건, 곡을 파는 작곡가이건,
작사가이건 그들만의 크루가 있다.
우리나라의 집단 문화를 좋아하진 않지만, 집단의 힘은 믿는다.
집단이 되면 서로 정보를 교환할 뿐만 아니라
심리적으로 의지가 되고, 직접적인 도움을 얻기도 쉽다.

track 7

내가 믿는 삶의 리듬

예의를 갖춰 주세요

"음악하는 사람들"에 대한 이미지는 어떤가요?

대학 시절, 방학 동안 프랑스 어학원에 다녔던 적이 있었다. 회화 시간에 직업별 성향에 대해 토론하는 시간이 있었는데, 음악인에 대해 "이기적이다"라는 말을 들었다. 나는 많이 놀랐다. 왜 음악인을 이기적이라고 생각했을까?

음악하는 사람에게는 자신만의 시간이 절대적으로 필요하다. 연습하고, 구상하고, 고민하고 성장하는 그 모든 시간은 혼자만의 시간이니 당연한 일이다. 나 역시 결혼을 앞둔 남자친구에게 "너보다 내 음악이 먼저야"라고 독설을 내뱉은 적이 있으니 할 말은 없다. (하지만 살아보니 그 말과는 다르게 남편을 잘 챙겨 주었다는, 본인의 증언을 첨부한다.)

"음악하는 사람들이 그렇지 뭐~"라는 말은 단순히 '자유분방하다'는 차원을 넘어, 약속 시간을 지키지 않거나 엉뚱한 행동을 할 때, 집단문화에 어울리지 못할 때, 예의가 없을 때, 질서를 지키지 않을 때 등 좋지 않은 상황에서 흔히 쓰이는 말인 것 같다.

프랑스 유학 시절 가장 부러웠던 점은, 음악하는 사람을 바라보는 일반인들의 인식이었다. "어머, 너 노래하는구나? 엄청난 재능이야!"라는 칭찬과 함께, 예술인에 대한 존경과 사랑이 담긴 시선이 유명인뿐 아니라, 예술을 꿈꾸는 학생들에게도 동일하게 적용되는 그 문화였다. 그 시선을 훔치고 싶었다. 내가 자라던 시절, 음악을 하고 싶다고 하면 "딴따라"라고 규정지어졌다. 그 인식이 싫었고, 지금도 싫다. 아마 그래서 더 진지하고 깊은 음악을 하고 싶었는지도 모르겠다. 그래서 더 질서를 지키고 예의를 지키며, 말을 조심하고 단체 활동에서 피해를 주지 않으려 했는지도 모르겠다.

데뷔 이후, 여러 가수들이 함께 무대를 준비하는 경우가 종종 있었다. 그때 은근한 신경전이 있었다. 무대 앞에 가사를 띄워 주는 모니터(프롬프터)가 없던 시절, 모르는 노래를 함께 불러야 하면 가사를 외워 가야 했다. 그런데 본인이 가사를 못 외웠다며 다른 가수가 부르는 노래를 중간중간 돌림노래처럼 따라 하는 선배가수 때문에 짜증이 났다는 이야기를 들은 적도 있다. 또 화음을 모르겠다며 멜로디만 부르는 사람, 멜로디조차 외우지 않고 애드리브만 하면서 무대에서 본인만 튀려고 하는 사람, 모니터 스피커에 자기 목소리 볼륨만 크게 넣어 달라고 해서 다른 가수들의 밸런스를 깨뜨리고도 모른 척하는 사람 등 여러 경우를 경험했다.

같이 노래한다는 건, 서로에 대한 예의를 지키는 일이라고 나는 믿는다. 사전 연습 때 약속한 부분을 지키지 않고 갑자기 돌발 행동을 하거나, 혼자 솔로 파트를 길게 끌거나, 연습을 안 해 온 채 무대에서 즉흥적으로 튀려는 모습에서, 프랑스 강사가 했던 "음악인은 이기적이다"라는 말의 의미를 이해할 수 있었다.

나는 경쟁으로 인한 신경전을 싫어한다. 그런 상황이 오면 "그냥 네가 해" 하고 돌아서는 스타일이다. 조용히 내가 할 일을 하며 평온을 지키는 것이 내 방식이다. 순간 무대에서 박수를 독차지하는 것보다, 오랫동안 좋은 사람, 매너 있는 음악인으로 남는 것이 내가 선택한 길이다. 대중이 몰라 줄 수도 있다. 하지만 내 인생을 누가 알아줘야만 행복한 건 아니니까.

어린 시절부터 말이 없었다. 엄밀히 말하면 농담은 잘 하지만 내 속 이야기를 쉽게 꺼내지 못했다. 노래를 시작하면서 다소 활달해졌지만, 여전히 내 마음속 이야기는 노래로, 가사로, 글로 하는 것이 말로 하는 것보다 훨씬 쉽다. 누군가에게 거절이나 해명 전화를 해야 하는 일이 생기면 며칠 전부터 생각에 잠기며 약간의 긴장감을 느낀다. 이런 내가 어쩌다 '가수'가 되었을까?

노래를 하는 순간에는 내 속에 잠겨 있던 모든 것들이 꿈틀거리며 쏟아지는 기분이었다. 많은 잡념들이 사라지는 초집중의 순간. 그래서 나의 꿈은 "노래하는 사람"이었다. 많은 사람들이 알아봐 주고 사랑해 주는 '가수'란 직업군이 아닌, '노래하는' 행위를 꿈꾸었던 이유였나 보다. 여전히 내게 '가수'란 말이 어색한 이유이기도 하고.

사실, '가수'란 뜻을 풀면 그냥 '노래하는 사람'이 맞는데, 우리의 머릿속에 있는 '가수'는 연예인의 모습으로 떠오르기에 그 직접적인 단어보다는 행위에 초점을 맞춘 '노래하는 사람'이 더 끌린다.

대학에 들어가서 재즈 동호회에 가입했었다. 대학 시절, 야누스에서 노래하시는 박성연 님의 공연을 보고 큰 감동을 받았기 때문이다. '노래하는 사람'의 의미가 그대로 전달되는 모습이었다. 졸업 전부터 바로 코러스 세션 활동을 하게 되어 동호회 활동을 오래 하지는 못했다. 그렇게 다시 대중음악 쪽으로 흘러 들어갔고, 수많은 사람들을 만날 때마다 늘 어색해하는 나 자신이 좀 답답했다.

그 당시 내가 주로 녹음하던 앨범들은 댄스 음악들이었기에 끼 많고 외향적인 사람들이 대부분이어서, 전형적인 내향인인 나는 그야말로 어디로 도망가고 싶은 집단을 만나는 경우가 많았다. 녹음이 끝나면 바로 집으로 돌아오고, 다음 날 다시 녹음실로 출근하는 일상이었기에 행동반경이 상당히 좁은 일상이었다.

사람은 참 안 변한다. 지금의 나도 그리 크게 다르지 않다. 일이 있으면 나가고, 집 밖에 일부러 나가는 일은 별로 없다. 내가 행복해하는 시간은, 햇빛이 내려앉은 베란다에 차 한 잔 옆에 끼고 여유롭게 책을 볼 때이다. 아직 나에게 하루라는 시간이 남아 있기에 마음껏 여유를 부려도 되는 날의 오전. 행복의 요소는 그리 많이 필요하지 않다.

행복을 찾으려고 여기저기 다니는 것보다, 아무 일도 일어나지 않는 고요한 시간을 행복으로 느끼면 그만이다. 『생각의 지도』를 번역하신 최인철 교수님의 저서 『굿 라이프』에서 읽은 문장처럼, 행복의 범주를 '불행하지 않은 상태'까지 포함해야 한다. 인생이 행복할 거란 착각에서부터 우리의 불행이 시작되듯, 꼭 엄청 즐겁고 유쾌해야만 '행복'이라고 규정짓는 오류에서 불행한 인생으로 추락하는 오류를 범할 수 있으니까.

차를 마실 수 있어서 행복하고, 내가 좋아하는 책을 읽을 수 있어 행복하고, 햇빛이 좋아서 행복하고, 그걸 누릴 시간이 있어 더욱 행복한 아침. 마음 맞는 몇몇 사람들과 함께여도 좋고 아니어도 좋은.

또 다른 행복의 순간은, 좋아하는 음악을 들으며 자연 속을 산책할 때이다. 풀냄새와 얕은 시냇물 소리를 융단처럼 깔고 그 위에 좋아하는 음악을 얹으면 최고의 순간이다. 조용한 순간, 조용한 사람들. 난 이런 것들을 좋아했구나.

조용한 시간 속에 깨닫게 되었다. 본연의 내 모습으로 살아가는 게 덜 힘이 든다. 남처럼 해보려고, 거기에 맞춰주려고 애쓰면서 낭비되는 에너지가 참 많았다. 그냥 나답게 조용히 자연스럽게 흘러가듯 살고 싶다.

조용한 시간 속에 깨닫게 되었다.
본연의 내 모습으로 살아가는 게 덜 힘이 든다.
남처럼 해보려고, 거기에 맞춰주려고 애쓰면서 낭비되는 에너지가
참 많았다. 그냥 나답게 조용히 자연스럽게 흘러가듯 살고 싶다.

track 8

자랑하고 싶은 숨겨진 음악인들

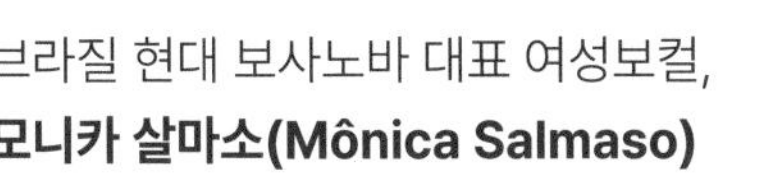

브라질 현대 보사노바 대표 여성보컬,

모니카 살마소(Mônica Salmaso)

누가 소개했었는지 기억은 안 나지만, 브라질 국민가수라고 전해 들었다. 그녀가 부른 <Beatriz>를 처음 듣자마자 그녀에게로 흘러 들어갔다. 피아노 하나에도 모든 공간을 다 채우는 아름다운 목소리뿐만 아니라, 자연스러우면서도 감동으로 가득 찬 그녀의 음악은 나의 로망이자 자랑이다.

공연을 할 수 없는 코로나 시기에 그녀는 다른 뮤지션들과 듀오 영상을 만들어서 올렸다. 꾸밈없는 모습에 음악에만 집중하는 그녀의 모습이 참 아름답고 부러웠다.

무엇이 중요한지 놓치지 않으려고 늘 애쓰면서도 가끔씩 흔들리는 나를 반성하며 그녀의 영상들을 계속 보았다. 1971년생 그녀가 어떻게 나이 들어가는지를 유심히 지켜보며, 내 롤모델로 삼고 싶다.

* 브라질 현대 보사노바와 MPB(Música Popular Brasileira)를 대표하는 여성 보컬 중 한 명으로, 섬세하고 서정적인 표현력으로 사랑받는 아티스트이다. 대표곡 "Beatriz"

여러 장르를 넘나드는 싱어송라이터,
사비나 슈바(Sabina Sciubba)

여러 장르를 넘나드는 가수들을 존경하고 좋아한다. 경계를 넘나든다는 건 고음만 자랑하는 성대가 아니라 음악에 대해 호기심이 있고, 깊게 이해하고자 한다는 반증일 테니까.

Sabina Sciubba는 그래미에서 노미네이트된 일렉트로닉 그룹 <Brazilian Girls>의 리드 보컬이었다. 연기도 했고, 퍼포먼스 아티스트이기도 하고 작곡도 한다.

이 사실을 모르던 파리 유학 시절, 음반 매장에서 우연히 고른 그녀와 기타리스트와의 듀오 앨범을 처음 들었을 때, 그냥 재즈 보컬인가 보다 했었다. 이탈리아 기타리스트 Antonio Forcione가 편곡하고 프로듀싱한 이 듀오 앨범은 1998년에 발매되었다.

총 9트랙 속에는 스티비 원더의 <Visions>, 재즈 스탠다드 <Take Five>, <Estate>, 이탈리아 가곡 <Caruso> 등 다양한 장르의 곡들의 리메이크 버전과 창작곡들이 들어 있다. 편곡이 아주 훌륭하고, 보컬도 다양한 장르를 재즈적으로 잘 소화했다.

이탈리아어가 자연스러운 걸 듣고 이탈리아 가수인가 보다 싶었는데, 이탈리아·독일 혼혈이고 이탈리아에서 태어나 5살에 엄마를 따라 독일에서 살게 되었다고 한다. 그 이후 프랑스와 뉴욕으로 활동 영역을 넓혔다.

대중음악을 좋아하시는 분들에게는 다소 낯설고, 심심하거나 불완전해 보일 수 있지만, 재즈를 좋아하시는 분들이라면 그 매력에 빠져들 것이다.

* 사비나 슈바는 다국적 음악 프로젝트 Brazilian Girls의 리드 보컬로도 유명하며, 솔로 아티스트로서는 실험적이고 독창적인 음악 세계를 구축한 싱어송라이터이다. 그녀의 음악은 일렉트로닉, 재즈, 브라질 음악, 퍼포먼스 아트가 혼합된 독특한 스타일로 잘 알려져 있다.

유니크한 그녀, 프랑스 싱어송라이터
까미유(Camille)

까미유는 나의 첫 번째 에세이집 『하루만』에서도 소개한 바 있다. 지금은 중견 뮤지션이 되었고, 얼마 전에 본 뮤지컬 영화 〈에밀리아 페레즈〉(우측 사진참조)의 음악감독을 맡았다.

대사가 나오다가 갑작스럽게 노래로 전환하는 부분이 어색해서 늘 제외 대상이었던 뮤지컬 영화 장르지만, 남편의 권유로 보게 된 〈에밀리아 페레즈〉는 기가 막히게 가사의 감정을 자연스럽게 음악으로 표현해 냈다.

노래라 하기엔 싱잉랩(약간의 음 높낮이가 있는 랩)에 가까운 듯 느껴지는 부분도 있는데, 음악이 참 독특하면서 완벽하다는 생각과 함께 까미유가 언뜻 느껴져서 찾아보니 역시 음악감독이었다.

사회학을 전공하고, 음악의 모든 가사에 풍자와 비판과 깊은 성찰을 담아 왔던 그녀는 마침내 음악감독으로 더 성장해 있었다. 색다른 싱어송라이터를 찾는다면 꼭 들어 보라고 권하고 싶다.

OSCARS
제97회 아카데미 13개 최다 후보
완전히 새로운 뮤지컬 영화
EMILIA PÉREZ
에밀리아 페레즈
2025.03.12
GOLDEN GLOBES
제82회 골든글로브
4개 부문 최다 수상
FESTIVAL DE CANNES
제77회 칸영화제 2관왕
심사위원상 | 여우주연상

스텔라 장과 독창성, MZ 세대의 대표 뮤지션

라 뽐므(La Pomme)

프랑스에서 바칼로레아(우리나라 수능과 같은 대입 시험이다. 하루가 아니라 며칠 동안 온전히 서술형 시험을 치러야 한다.)를 치른 한국 뮤지션이 있다. 바로 스텔라 장이다. 그녀가 부르는 프랑스어 노래를 들으면 그녀의 프랑스어 실력을 단번에 알게 될 것이다.

그런 그녀를 보면 생각나는 프랑스 싱어송라이터가 있다. 라 뽐므(La Pomme)라는 이름의 여자 뮤지션인데, 긴 본명 안에 Pommet란 단어에서 따왔을 것 같은 이름인 '라 뽐므'는 한국어로는 '사과'를 말한다.

1996년생의 이 젊은 뮤지션은 6살 때부터 음악 이론을 시작으로 기타, 첼로, 오토하프를 연주하며 스스로 곡을 써서 유튜브에 업로드를 했고, 16살에는 프랑스 저작권협회에 등록을 했다.2013년 17세의 나이에 그녀는 프랑스 싱어송라이터 Matthieu Mendès와 듀엣으로 노래 <Okay>를 녹음하고 첫 뮤직비디오를 촬영했고, 2016년에는 첫 솔로 EP를 발표했다.

프랑스 싱어송라이터들이 대부분 독창성의 끝을 보여주는데, 라 뽐므 역시 독특한 MZ 세대를 대표하는 아주 훌륭한 뮤지션이다.

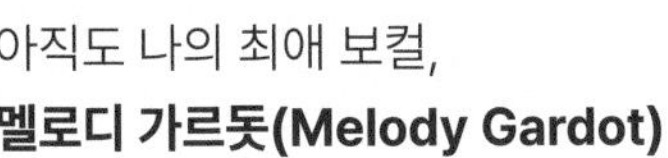

아직도 나의 최애 보컬,

멜로디 가르돗(Melody Gardot)

비 오는 날, 여유 있게 쉬고 싶은 순간, 창밖의 풍경에 낭만을 조금 더하고 싶은 순간에는 어김없이 Melody Gardot을 듣는다. 미국인이지만 유럽에서 활동이 훨씬 더 많고, 2017년부터는 파리에 머물며 여전히 멋진 공연을 해 내는 그녀의 음악은, 그야말로 파리의 낭만 그 자체다.

사고로 인해 시력과 청각이 아주 예민해졌고, 지팡이를 짚고 무대에 올라야 할 정도인 그녀가 그 많은 공연을 어떻게 해내는지 문득 걱정이 들기도 한다. 18세 때 겪은 사고로 죽음의 문턱까지 가 본 그녀는, 그 이후 인생의 모든 순간을 만끽하며 살아간다.

돈을 모아 큰 집을 살 생각도 없이, 그냥 파리에 월세를 내며, 멋진 앨범과 공연을 위해 수많은 뮤지션들에게 아낌없는 지불을 마다하지 않는 그녀. 불교를 믿고 건강식을 즐기는 생활과는 달리, 그녀의 음악은 퇴폐적이리만큼 섹시하다.

2020년에 발표한 앨범 <Sunset in the Blue>, 특히 피아노 듀오 트랙들을 LP로 듣고 있자면, 이 세상이 아닌 다른 곳에 머무는 기분이 든다.

숨은 보석 같은 가수,

쎌리아 카메니(Celia Kameni)

우연히 발견한 프랑스 가수 쎌리아(Celia)는 2021년 빅투아르 뒤 재즈(Victoires du Jazz)에서 권위 있는 후보에 오르긴 했지만, 아직 대중적으로 유명해지진 않은 상태이다.

하지만 그녀의 공연 영상들을 둘러본 결과, 재즈는 물론 Soul, Funk, Gospel, 심지어 민속음악까지 섭렵하는 실력 있는 보컬임을 단번에 알 수 있었다.

완급 조절이 훌륭하고, 에너지 넘치는 페스티벌 무대부터 아주 감성적인 어쿠스틱 소규모 편성의 하우스 콘서트까지, 장르를 넘나들며 자연스럽게 소화해 내는 그녀를 기대하며 지켜보고 있다.

아직 단독 앨범이 민속음악에 가까운 한 장뿐이라는 점이 다소 아쉽긴 하지만, 다른 뮤지션들의 곡에 피처링으로 참여하며 차근차근 실력을 쌓아가는 모습이 오히려 더 믿음직스럽다.

사랑스러운

폼플라무스(Pomplamoose)

폼플라무스(Pomplamoose)는 멀티 악기 연주자 잭 콘테(Jack Conte)와 싱어송라이터이자 베이시스트 나탈리 던(Nataly Dawn)으로 구성된 미국의 뮤지션 부부 듀오이다.

2008년에 결성된 이들은, 2009년에 온라인에서 약 10만 곡을 판매하며 주목받기 시작했다. 바이럴 유튜브 영상과 인기곡 커버 영상들로 특히 유명하며, 2025년 3월 기준, 유튜브 채널 구독자는 201만 명, 누적 조회 수는 6억 4천만 회 이상에 달한다.

나 또한 그들의 영상을 꽤 많이 본 사람 중 하나이다. '잭 콘테'의 음악적으로 다양한 아이디어에 박수를 치고, '나탈리 던'의 사랑스러움에 빠져들다 보면, 그들의 영상을 하나만 보고 멈출 수가 없게 된다.

Epilogue

"넌 왜 노래하니?"

20대 초반, 노래하는 게 마냥 좋던 시절. 데모곡을 듣던 중, 불현듯, *'누군가 한 명이라도 내 노래로 위로를 받는다면 난 계속 노래할 수 있어'*라는 생각을 했었다. 강변가요제 때 만난 도훈이, 석주 오빠와 팀 앨범 준비를 하면서 가사를 쓰고 데모를 만들던 시절이었던 것 같다. 무명이었고 수입도 변변치 않았던 그때, 왜 갑자기 그런 생각을 했을까?

요즘도 나는 그냥 설거지를 하거나 운동을 하는 등 뻔한 일상의 움직임 중에 섬광처럼 어떤 생각들이 내게 떨어진다. 그렇게 문득 벼락처럼 내게 떨어진 생각들은 나 자신을 이해하거나 내가 살아갈 날들의 나침반이 되기도 한다.

빅마마 활동이 중단되었을 때, 더 이상 음악으로 돈을 벌지 못하는 상황이 된 내게 질문이 떨어졌다. '돈이 되지 않는 음악을 할 수 있어? 돈이 안 되면 안 할 거야? 그럼 돈을 벌기 위해서만 했던 거야? 진짜?'였다. '순수성'을 중요하게 여기는 나였기에 내 스스로가 좀 실망스러운 순간이었다.

음악을 처음 시작한 것도 코러스 세션이었고, 이어 바로 가수가 되었기에 내가 하는 음악 활동은 늘 수입으로 이어졌었다. 그런데 더 이상 그럴 수 없다는 자각이 내 음악의 존립을 흔들었다. 자존심이 상했다. '난 고작 그것밖에 안 되는 사람이었던가? 인간은 생각보다 나약한 존재구나.'

그러나 곰곰이 생각해 보니, 돈을 벌지 못할 게 뻔하다면 오히려 정말 내 맘대로 해도 된다는 말이었다. 그래서 비용을 줄여서 내 맘대로, 내가 할 수 있는 만큼 하기로 결정을 하고 나니 마음이 편했다.

그 이후 지금까지 난 왜 노래하는가를 묻지 않았다.

"하고 싶으면 하는 거지~"

노래를 한다는 것은

이럴 줄 몰랐다. 이런 건 줄 몰랐다. 그냥 노래하는 게 재밌었고, 잘한다는 소리를 들으니 더 재밌었고, 하다 보니 더 잘하고 싶어졌던 것뿐이었는데, 알면 알수록, 하면 할수록 많은 요소들이 연계되어 있는 분야가 바로 '노래'였다. 노래란 것은 음악과는 별개인 줄 알았나 보다.

운전을 하고 가던 어느 날, '오래 남는 가수들의 특징은 뭐지?'라는 의문이 들어 곰곰이 따져 보았다. 노래한 지 약 20여 년 될 때쯤이었던 것 같다.

솔직히, 재능을 타고나야 한다. 20대에는 이 생각에 사로잡혀 재능이 있는지 없는지가 가장 중요하게 생각되었다. 그런데 재능이 있다 해도, 노력하는 에너지가 없으면 한철 피는 꽃처럼 금방 시들어 버린다. 여기서 노력이란 노래 연습을 의미하기도 하지만, 음악을 탐구하고 스스로를 연구하는 자세가 갖추어졌는가를 의미한다.

그런데 불행히도 대부분의 보컬들은 재능을 타고나서 시작점부터 남다른 사람들이 많다. 그리 노력하지 않아도 이미 잘한다는 소리를 어릴 때부터 들었던 사람들이 많다는 말이다. 이런 사람들의 특징은, 고비가 왔을 때나 스스로의 한계에 부딪혔을 때 타개하는 능력을 학습하지 못한 경우가 많다. 안 되는 무언가를 성실한 노력과 연구로 이겨내고 넘어서는 경험은, 인생을 살면서 마주하게 되는 고비의 순간을 이겨내게 하는 튼튼한 근력이 된다.

타고난 재능의 단점은 바로 '오만'이다. 당연히 늘 칭찬만 듣고 자라왔기 때문에 타인의 비판이나 스스로 무너지는 순간이 오면 받아들이지를 못한다. 최고의 오페라 디바 마리아 칼라스의 생애를 보면서 안타까웠던 것은 그녀의 무지한 취향과 오만이었다. 조금만 겸손하고 탐구하는 자세와 취향을 가졌다면 더 오랫동안 존경받는 음악인으로 남았을 것 같다. 뛰어난 재능으로 단기간에 소비되고 져버리는 꽃이 아니라, 천천히 오래 향을 내고 조용히 우아하게 꺼져 가는 향초 같은 삶을 살 수 있었을 것 같다. 물론 사람마다 선택이 다를 수 있지만.

당장 신나는 노래를 하고 싶은 학생들에게 호흡법 수업을 해 보면, 이 학생의 성향과 방향성이 단번에 드러난다. 호흡법을 익히는 것은 참 지루한 수업이다. 대체로 무대에서 끼 많고, 활달하고 성량 좋은 친구들 중에 무언가를 천천히 익히는 것을 못 견디는 경우가 많아 더 안타깝다. 대중음악에서는 '노력과 탐구'만큼 '끼(또는 매력)' 또한 중요한 요소이기에, 이 두 요소의 밸런스를 잘 갖추는 사람들이 오랫동안 사랑받는 것 같다.

마지막 중요한 요소는 '건강한 신체'이다. 컨디션 관리 차원에서의 식단과 운동뿐만 아니라, 몸의 건강에 영향을 미치는 정신 건강을 지키는 것도 중요한 요소이다. 휘트니 휴스턴이나 로린 힐, 에이미 와인하우스의 결말은 팬의 입장에서는 너무나 가슴 아픈 모습이었다.

약물도 위험하지만, 더 위험한 것은 '사랑받고자 하는 마음'이다. 예술인이라면 사랑받고 싶은 마음이 누구나 있을 것이다. 그런데 이것에 집착하거나 중독되면 본인이 하려던 예술조차 흔들리는 경우가 있다. 에이미 와인하우스는 마약 중독자 남자친구를 사랑하다 같이 중독자가 되었고, 마리아 칼라스는 과시욕이 있는 오나시스에게서 버림받을까 봐 다이어트 강박 때문에 섭식장애를 얻었다. 이 외에도 사랑 앞에서 무너지는 스타들이 많았다.

대중의 사랑은 실체가 없는 것 같고, 인기가 내려가면 차갑게 식어가기 마련이니, 그 공허한 사랑의 빈자리를 채워 줄 것 같은 사람이 나타나면 모든 것을 걸게 된다. 누구에게나 사랑은 그렇겠지만, 감성이 풍부한 예술인에게 사랑은 더 깊고 치명적인 파동을 일으킨다. 사랑하는 사람을 잃고 10년간 음악을 할 수 없었던 조용필 선생님의 마음을 감히 이해할 수 있는 이유이다.

사랑도 그렇지만, 인력으로 할 수 없는 일들이 있다. 음악도 삶의 일부인데, 무너지는 순간이 왜 없겠는가. 다시 일어나면 된다. '마지막'이란 생각만 미뤄 놓으면 언젠가는 다시 이어 가게 되는 것 같다. 끝났다고 생각했던 빅마마 활동을 9년 만에 다시 하게 되는 걸 보면, 인생사 함부로 단언할 수 없는 것이다.

더 이상 노래를 할 수 없게 되는 순간이 올 텐데, 그때의 내 마음을 미리 상상해 본다. 20살부터 시작해서 23살부터 노래를 직업으로 삼고, 노래를 떠난 삶을 살아 본 적이 없지만 그 날을 미리 준비해 본다. 충분히 사랑한 사람은 오히려 가볍게 돌아설 수 있다는 이치를 이해하며.

예술가여, 무엇이 두려운가

이유 없이 불안한 밤이 있다. 두려운 밤이 있다. 아주 먼 일에 대해, 아주 작은 일에 대해, 누군가가 의미 없이 던진 말 한마디에 대해 생각이 길어지는 날이 있다. 생각을 멈추고 싶다는 생각이 들 때, 연습이 답이다. 목을 풀거나 그 생각들을 글이나 음악으로 풀어내면 속이 좀 시원해진다. 공연이 아주 잦은 일정일 때는 몸이 힘들고, 쉬는 일정일 때엔 생각이 힘들었다.

대학교 4학년, 졸업 후 진로를 결정해야 하는 순간, 정말 막막했다. 3년만 투자해 보자고 결정할 때에도 그리 두렵진 않았다. 졸업 후 코러스 녹음 세션으로 1-2년 정도 하면서 비교적 안정적인 수입이 있던 어느 날, 40대의 나를 상상해 보았다. 일을 하고 있을까? 결혼은 했을까? (연애도 잘 안 풀리던 그 시절의 나에겐 뜬구름 같은 일이었다) 사는 집은 있을까? 아주 기본적인 의식주부터 결혼이라는 문제까지 모든 것이 불투명했다. 경제적인 어려움과 외로움이 한꺼번에 닥칠까 봐 두려웠던 그 밤의 기억이 아직도 생생하다.

졸업을 앞둔 많은 졸업 예정자들은 아마 나와 같은 시간을 보내고 있을 것이다. 음악학교를 졸업하고 해가 갈수록, 하고 싶은 음악을 경제적인 이유 때문에 포기해야 하는 사람의 수도 늘어나고 있을 거다. 힘내라는 말을 할 수가 없다. 힘이 날 리가 없을 테니. 음악하는 법만 생각하던 학교생활이었는데 그 4년을 부정당하는 기분이 들 것이다.

음악을 직업으로 삼든 아니든, 음악으로 돈을 벌든 아니든, 음악만 바라보며 지내던 시절을 가진 것만으로, 그들의 긴 삶에 꽃 한 송이 갖고 살게 되는 거라고 말한다면 헛소리라고 치부당하겠지만, 40대 이후가 되면 문화예술을 늘 곁에 두고 사는 사람들과 그렇지 않은 사람들이 확연히 차이가 난다는 걸 그들도 알게 될 것이다. 당장 생활비를 벌어야 하는 시기엔 누구나 비슷하지만, 40대가 가까워지면 다시 만나고 싶은 사람, 향기로운 사람, 멋이 있는 사람이 된다는 것이 돈을 버는 일보다도 어려운 일이란 걸 알게 된다.

그런 사람을 찾기가 쉽지 않다. 예술의 아름다움을 진심으로 느낀다는 건 세상의 비밀을 알고 있는 것과 같다. 그 아름다운 비밀을 품고 살 수 있다는 것이 얼마나 빛이 나는 일인지 그때는 몰랐다. 아름다운 사람은, 물질만으로 배가 부르지 않는 사람이다. 무언가를 소유하는 것만으로 다 채워지지 않는 사람. 그렇게 흔치 않은 아름다운 사람으로 살 수 있는 법을 배우는 것이 예술과 함께하는 시간이다.

밥벌이와 음악 중에 선택해야 하는 건 아니라는 의미이다. 두 가지가 중복되기만을 바라지만, 그냥 공존하는 것도 음악이 존재하는 것이니, 극단적으로 무언가를 버려야 한다는 생각을 버리면 마음이 좀 여유로워질 거다. 가끔은 질문 자체가 틀에 갇힌 경우가 있으니, 백지 상태로 다시 질문해 보길 권하고 싶다.

데이비드 베일즈(David Bayles)와 테드 올랜드(Ted Orland)가 쓴 『예술가여, 무엇이 두려운가 (Art & Fear)』는 내가 매년 학생들에게 권하는 권장 도서이다. 실생활에서 예술 작업을 하며 마주하게 되는 문제들과 매일 맞서 싸워 나가는 예술가인 두 사람이 7여 년간 토론과 집필의 결과물로 엮어 낸 이 책에는, 모든 예술가들이 겪었던 두려움의 목록들이 나열되어 있다. 이 책을 읽는 동안 아주 오래전의 예술가들에게서 조언을 듣는 마음이었다. 선생님이 없는 내게 아주 좋은 멘토가 되어 준 책이다.

'이제 음악도 지치네. 이 정도 했으면 많이 했지. 조만간 그만하게 되지 않을까?' 불과 얼마 전에도 이런 생각을 했다. 누가 내 앨범을 기다린다고 기를 쓰고 할 일인가 하는 아주 소극적인 순간이 있다. 이게 진심일까? 더 사랑받지 못해서 삐친 건지, 그냥 육체적으로 지친 건지, 아님 연습하기 싫어서 핑계 대는 건지? 천천히 원인을 분석해 보니, 발전하려 노력하지 않는 내 모습에서 나온 불안감이 무기력이라는 가면을 쓰고 핑계를 대고 있는 건 아닌가 싶다.

보라, 아직도 두려워하고 있는 나를. 좀 위로가 되시죠?

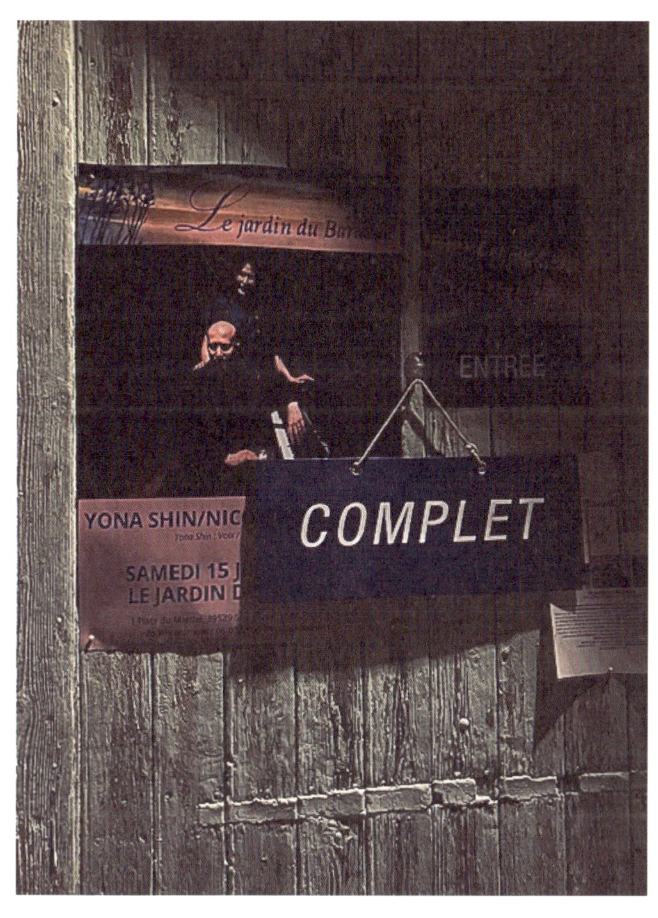

'이제 음악도 지치네. 이 정도 했으면 많이 했지. 조만간 그만하게 되지 않을까?' 불과 얼마 전에도 이런 생각을 했다. 천천히 원인을 분석해 보니, 발전하려 노력하지 않는 내 모습에서 나온 불안감이 무기력이라는 가면을 쓰고 핑계를 대고 있는 건 아닌가 싶다.

글을 노래하다

어릴 적부터 뛰어다니며 노는 아이가 아니었다. 혼자 낙서를 하고 놀거나, 사색을 하는 어린이가 낯설었던 주변 사람들은 나를 "애늙은이"라고 불렀다. 좋은 말도 많은데, 왜 하필 '애늙은이'였을까?

학창 시절에 수학보다 국어와 영어가 어려웠던 이유는, 정해 놓은 답에 동의할 수 없는 경우가 많았기 때문이다. 깔끔하게 답이 나오는 수학을 좋아했다. 문학 작품을 읽고 사지선다에서 답을 골라야 할 때, 어디에도 답이 없어 보일 때가 종종 있었다. 그냥 책 보는 건 좋았지만, 교과서 속 문학에서 출제자가 원하는 정답을 찾아내는 일에는 늘 난감했다.

일기 쓰는 시간이 좋아서 밤에 촛불을 켜 놓고 일기를 쓰다가 엄마에게 혼쭐이 난 적도 있었다. 프랑스어가 좋아 불어불문학과를 고집했지만, 대학에서도 프랑스 문학가들의 깊은 기조나 사상 체계를 이해하지는 못했다. 랭보와 보들레르 작품 해석에 쩔쩔매다 학점도 잘 받지 못했다.

하지만 글은 여전히 좋아한다. 특히 사람의 심리, 철학, 사고방식에 대한 글을 좋아한다. 코러스 세션 일을 시작함과 동시에 작사를 하게 되었다. 학교 선배님들의 앨범에 작사를 맡았는데 나쁘지 않았는지, 이후로도 작사 일을 이어가게 되었다. 녹음을 하고 밤늦게 들어와도 일기장에 끼적이듯 가사를 쓰는 게 좋았다.

무턱대고 내 맘대로 쓰던 초기 시절이 지나고, 작사비를 받고 의뢰를 받아 쓰게 되면서는 고민할 것이 많아졌다. 곡을 빛나게 하는 가사 내용뿐만 아니라, 가창자의 성별·나이·성향, 더 알 수 있다면 가창자가 요즘 고민하는 것까지 알면 좋았다. 후렴구에는 쉽게 기억할 수 있는 명문장을 하나 넣을 수 있다면 금상첨화였다.

댄스곡의 가사는 리듬감을 살리는 어감이 중요하다. 그래서 의미를 담는 것보다 리듬을 먼저 살리고 그 안에 의미를 끼워 넣는 방식을 택했다. 더 다이나믹한 리듬을 표현할 단어를 찾지 못할 때는 영어로 쓰기도 했다. 그러나 댄스 음악을 좋아하지 않는 내 정서에는 한계가 있었다. 내게 맞는 건 발라드 계열이었다.

직접 부를 가수, 회사, 작곡가 모두가 만족하는 가사를 계속 써 내는 것은 보통 일이 아니었다. 녹음하고 남은 짬 시간에 잠깐씩 고민하는 가사로는 '작사가'로서 입지를 굳힐 만큼의 연속성을 장담할 수 없었다. 그걸 깨닫던 시기에 프랑스로 떠났고, 돌아온 이후에는 더 이상 타인을 위한 작사는 하지 않게 되었다.

내가 좋아하는 내 가사가 대중에게 알려지려면 타이틀로 선정되어야 한다. 하지만 그건 내 능력으로 할 수 있는 영역이 아니었다. 우연히 결정되면 감사할 뿐이었다. 대중에게 알려지지 못했더라도 스스로 자랑스러운 가사들이 있다.

보컬 그룹 '에코'가 부른, 작곡가 이현정 언니의 곡 〈내가 그린 그림〉은 작곡가, 회사, 가창자 모두에게 칭찬받았던 가사라서 기억에 남는다. 내 유일한 타이틀 곡은 빅마마의 〈거부〉이고, 5집에서 쓴 〈사랑〉, 〈소녀를 사랑한 소나무〉는 아주 뿌듯한 작업이었다. 내게 작사를 맡기고 맘껏 창작할 수 있도록 여유를 주신 작곡가분들께, 이 기회를 빌려 다시 한번 감사드린다.

겨울나무는,

죽은 게 아니에요.

만개할 그 날을, 좋은 때를

기다리며 숨 죽이고 있는 거예요.

그 햇살을 기억하면서…

-기다리는 시간을 잘 보내기-

<내가 그린 그림> 이현정 작곡,
에코 "Voice Of Angel" 수록. 2000년 발표

오늘 처음이에요.
생각지도 않았던 어떤 그림 한 점을 샀죠.
그대 사진이 있던 텅 빈 하얀 벽 위에
너무나 잘 어울릴 것 같아요.
뽀얀 먼지를 덮은 채
아직도 웃고만 있는 그대를 조심히 들어 떼어내고
아주 커다란 그 그림을 걸어 보았을 때
자꾸 눈물이 흘러내렸죠, 이제야 이별인 걸 깨달았죠.
아직 남아 있는 그대 기억들을 모두 버려야 하겠죠.
이럴 수도 있나요. 그대 곁에 없는데
나는 아직 숨 쉬고 있어.
몇 일이 지났을까 꿈을 꾼 건 아닐까
모든 게 달라져 버린 것 같아.

바라볼 곳이 없어요. 누구도 날 안아 주지 않아요.
어색한 그림 앞에 서서
그저 멍하니 긴 한숨만 쉬어 볼 뿐이죠.
자꾸 눈물이 흘러내렸죠, 이제야 이별인 걸 깨달았죠.
아직 남아 있는 그대 기억들을 모두 버려야 하지만
슬픔까지 지워야만 하지만
애를 써도 그대 모습 지워지지 않아
자꾸 눈물이 흘러내렸죠. 이제야 이별인 걸 깨달았죠.
내 맘 깊은 곳에 그린 그림들은
그대 한 사람뿐인 걸
자꾸 눈물이 흘러내렸죠. 이제야 이별인 걸 깨달아요.
내 맘 깊은 곳에 그대 그림들을
모두 지워 줄게요.

방 안에서 가사를 쓰려고 벽을 쳐다보다가, 연인이 있다면 저 빈 벽쯤에 사진을 걸어 두지 않았을까 하는 상상에서 시작된 가사이다. 걸려 있던 사진을 떼어야 하는 이별 앞에서, 그 빈 벽을 채워 줄 마음 둘 곳을 찾다가 그림을 사게 된다는, 20대다운 낭만적인 상상이었다.

<사랑> 권석홍 작곡,
빅마마 "5" 수록. 2010년 발표

아무 표정 없이 스치는 사람들
나 없이도 세상은 바쁜 걸음으로
나는 알지 못하는 수많은 이유들
점점 더 멀어져만 가네
사랑, 사랑, 그 쓸쓸한 이름
다시 혼자서 눈물로 가슴에 새긴다
처음처럼 그날 그때처럼
그 모습 그대로 머물 순 없나
너에게 난
오랜 그림처럼
낡은 신발처럼
지루한 그런 사람...
잊지 못한 이유 그런 건 없는데
가슴이 내려앉아 일어설 수 없어
다시 피어난다 해도
피지 못한데도시절은 가고
너에게 난오랜 그림처럼
낡은 신발처럼
지루한 그런 사람...

지킬 수 있다면
그럴 수 있다면
견딜 수 있어
나에게 넌 숨 쉬는 것처럼
눈뜨는 것처럼
소중하고 익숙해
다시 내게 돌아오는 길
그리 멀지 않기를
오늘도 난 기도해
아무런 이유 없이
그저 시간 속에서
들어 가는 것,
사랑

아주 고심해서 여러 번 다시 썼던 가사이다. 클래식 같은 멜로디의 고전적인 감정선을 살리는 어감을 찾는 게 어려웠다. 공교롭게도 또 '그림'이라는 단어가 쓰였다. 그림을 애호하거나 즐겨 찾아보는 성향도 아니면서, 내 무의식에서 그림을 좋아하나 보다. 그러고 보니 학창 시절엔 그림을 좀 그렸고, 나중에 은퇴하면 그림을 그리겠다는 작은 계획이 있었다. 이렇듯 창작은 평상시에 차곡차곡 쌓인 정서나 생각들이 무의식 중에 발현되는 것인가 보다.

<소녀를 사랑한 소나무> 황현 작곡,
빅마마 “5” 수록. 2010년 발표

비가 오는 날엔 유난히 생각나
동그란 얼굴만큼 마음도 예뻤던 아이
산에, 들에 꽃들이 만발해도
그 소녀는 항상 그 자리에 내 곁을 지켜주었지
그러던 어느 날에
눈물이 가득한 채로 내게 기댄 소녀를 안아 주고 싶었어
가슴이 찢어져도
아무것도 할 수 없던
내 모습이 정말 싫었었지
그 사람인가요, 행복해 보여요.
어느덧 몰라보게 시간이 흘러가 버렸나요.
이제 다시 못 볼 줄 알았는데
그때처럼 그 미소 그대로
나를 울리고 있어
이제는 잊어야 해
뒤돌아서던 그대를
불러 볼 수도 없는 내가 잊어야겠죠.
지금 행복 하나요.
힘이 들 땐 언제라도
내 그늘에 와서 쉬어 가요.
나의 사랑, 이제는 잊어야 해

뒤돌아서던 그대를
불러 볼 수도 없는 내가 잊어야겠죠.
지금 행복 하나요.
힘이 들 땐 언제라도
내 그늘에 와서 쉬어 가요.

누군가를 정말 사랑하지만 그 마음을 표현할 수 없을 땐 나무가 된 것 같다. 뿌리에 발이 묶여 누군가를 붙잡을 수도 없고, 불러 볼 수도 없어, 그저 바람에 잎사귀나 겨우 흔드는 나무가 떠올라서 쓴 가사이다.

모든 창작은 훈련으로 무르익는다고 믿는다. 처음부터 창작을 잘하는 사람은 없다. 피카소 역시 수많은 습작 가운데 소수의 작품만이 유명해진 경우라 한다. 자꾸 쓰고, 불러 보고, 어감을 다듬고, 문장을 고쳐 가다 보니 내 가사와 함께 나도 성숙해져 갔다.

내 곡에 가사를 붙일 때도 나는 일단 곡을 먼저 쓰고, 가사를 나중에 쓰는 편이다. 가사를 잘 입히면 처음 탄생했던 곡이 완전히 다른 옷을 입는 경우가 많다. 수더분했던 여자가 마음먹고 단장하고 화장한 것처럼 말이다.

<늙은 어미의 노래> 신연아 작곡,
신연아 "Vagabonde"수록. 2014년 발표

바람이 불고 눈물이 나도 꽃잎이 다 떨어져도
가야 한다고 갈 수 있다고
내가 너를 믿고 있단다.
하늘을 보렴. 강물을 보렴. 그래도 울고 싶다면
내 품에 안겨 소리 내 울어.
모두 다 내게 털어 버려
넘어져도 다시 일어날 수 있다고
나는 그렇게 믿는다
입술을 깨물며 한 번 또 한 번 넘고
또 넘겨 내는 고비
처음 만났던 그 순간처럼
영원히 널 사랑한다.
나를 보내고 울지 말기를
다시 너의 길을 가기를.

"늙은 어미의 노래"는 엄마께 드리려고 작심하고 쓴 가사였다. 좋아하던 드라마의 슬픈 엔딩을 보고 만들어 둔 멜로디에 이 가사를 입혀 완전히 탈바꿈시킨 경우이다.

가사를 잘 쓰려면 어떻게 해야 하느냐는 질문을 받을 때가 있다. 나보다 훨씬 경험 많으신 전문 작사가분들도 계시겠지만, 나는 소신껏 대답하자면 '인간에 대한 고찰'이라고 말하고 싶다. 나 자신일 수도 있고, 타인일 수도 있고, 더 넓게는 일반적인 인간 존재에 대한 연구일 수도 있다. 사람의 마음을 깊이 들여다보면 이야기할 거리가 끝없이 생긴다. 사회 현상을 관찰할 수도 있고, 다른 예술 작품에서 받은 감동이 영감으로 이어질 수도 있다. 까미유 끌로델의 생을 책으로 읽다가, 그녀의 인생에 빙의되어 위로하고자 곡과 가사를 쓴 적도 있다.

이런 감성적인 접근 말고, 정말 구체적이고 이성적인 방법을 원한다면 이렇게 말하고 싶다. 가사를 쓸 곡을 낯선 타인의 곡처럼 많이 듣고, 멜로디를 충분히 익혀 자꾸 불러 보라. 그러면서 어감이 좋은 단어들을 찾아내는 것이다. 곡이 주는 이미지를 구체적인 언어로 형상화해 보는 것이다. 만약 이조차 어렵다면, 일단은 그냥 막 써 보고 부르면서 다듬어 가라고 권하고 싶다. 그리고 주변에 들려 주고 반응을 살피면 된다. 작사 의뢰를 받았을 때 제작자와 작곡가, 가수에게 컨펌을 받는 과정처럼, 자신의 곡이라 해도 마치 타인의 곡인 것처럼 객관적으로 바라보아야 한다. 처음 듣는 사람들이 어떤 느낌을 받을지를 생각하면서. 역지사지의 진리는 여기서도 통한다.

<Scilla(영원함에 대하여)> 니콜라 세르지오 작곡.
미발표. 2022년 공연

가을은, 헤어질 때 더 무르익어 가
이별이 아름다울 수도 있다던 너를 닮아서
더 오랫동안 멍하니 바라보고 있어,
그때, 그날처럼.
기억은 너의 곁에서 떠나지 않아
해가 지던 그 순간 나눈
그 눈빛들 속에, 작은 흔들림에
내 모든 걸 걸고 싶어.
세상이 멈춘 듯, 영원한 My Scilla

이탈리안 피아니스트 니콜라 쎄르지오와의 공연을 준비하면서, 니콜라의 곡에 가사를 붙여 불렀는데 발표되지 못한 곡이 있다. 연주곡으로 이미 발표된 곡이라, 노래 곡으로 다시 발표하려면 사이가 멀어진 유통사의 허락까지 니콜라가 받아와야 하는 번거로움이 있어 포기했었다.

니콜라의 원곡 제목인 'Scilla'는 이탈리아의 한 지역명이다. 니콜라가 잊지 못할 어떤 추억을 회상하며 쓴 곡이라고 한다. 곡에 대한 설명을 듣기 전에도 이 곡을 곱씹어 들으면, 무언가 아련한 추억이 오랫동안 머무는 느낌이 들었다. 시간이 지나도 변하지 않는 영원한 기억, 영원으로 변환된 그런 순간 말이다.

<Rain in My Lunchbox> 니콜라 세르지오 작곡,
미발표. 2022년 공연

먹구름 머금은 하늘이 울음을 터뜨려도
일감을 잃어버렸다고 따라 울 수 없는 우리.
때늦은 점심을 때우고 아침을 떠올린다.
피곤한 아내의 미소가 있다.
살아간다는 건 무얼까 가끔 생각해 보면,
지칠 대로 지친 내 하루가 답이라도 하듯
나를 덮쳐 오고 마는.
투두둑 빗소리 들으며 노래를 불러 본다.
아픈 내 아이를 웃게 할 노래.

'Rain in My Lunchbox(빗속의 점심 도시락)'이란 제목을 보자마자 찰스 클라이드 에베츠(Charles C. Ebbets)의 '마천루에서의 점심식사(Lunch atop a Skyscraper)'라는 사진이 떠올랐다. 고층 빌딩 공사 현장에서 노동자들이 나란히 앉아 점심 도시락을 들고 담담히 담소를 나누거나 담배를 피우는 모습의 사진이다. 이 사진을 처음 본 것도 파리였다. 파리 유학 시절, 센 강가 가판대에 전시된 수많은 사진 엽서들 중에서 처음 발견했다가, 후에 작품으로 구매해 학교 연구실에 걸어 두었다. 파리에서 이방인으로 만난 사진의 이미지가 20년이 지나 프랑스에서 이방인으로 살고 있는 이탈리안 연주자의 곡을 들으며 떠오른 것은 어떤 인연일까? 그 긴 시간을 거슬러 가는 끈으로 연결된 인연의 줄이 눈에 보이는 듯했다.

〈Lunch Atop a Skyscraper〉, 1932 Photo by Charles C. Ebbets (1905-1978)

곡의 분위기는 찰스 클라이드 에베츠의 사진과는 다르게 서글펐다. 도시락에 비가 내리는 경우는 어떤 상황일까? 곡의 분위기를 보아 피크닉 나왔다가 비가 내리는 상황은 아니었다. 생의 고단함과 식어 빠진 점심 도시락에 빗방울까지 쏟아지는 매정함을 원망하는 심정이 느껴졌다. 옥외 노동을 하다 비가 오면 그날은 쉬는 날이 될 것이다. 점심을 먹다 비가 내린다면 일당도 날아간 하루가 될 텐데, 집에 있는 식구들의 얼굴이 떠오를 것 같았다.

단숨에 써 내려갔다. 곡의 감성이 내 마음에 전달되면 작사는 그냥 머릿속에서 나오는 말을 받아 적는 상황에 이른다. 빅마마 3집 솔로곡이었던 "모두 용서한다(짓밟힌 꽃송이를 위해)"의 가사도 단숨에 써 내려갔다. 가사를 쓰다가 감정이 북받쳐 오르면 글을 다 쓰고도 감정을 추스르지 못할 때가 있다. 이런 곡들은 노래할 때에도 당시의 감정이 다시 차오른다. 이것이 내가 글을 쓰고 싶은 이유이다. 가사를 쓰고 싶어서 곡을 쓴다고 농담 삼아 말하곤 하지만, 곡을 쓰는 것보다 가사를 쓸 때 뿌듯함이 더 차오르는 건 사실이다. 지금 쓰고 있는 두 번째 에세이집을 쓰겠다고 마음먹은 용기도 바로 거기서 시작된 것이리라. 이 소박한 에세이집에서 작은 희망이나 용기를 발견하는 독자가 있을 수도 있지 않겠는가?

세상에는 아직도 많은 슬픔이 있다. 많은 애달픔이 있고, 많은 눈물이 있고, 많은 엇갈림과 고뇌하는 삶들이 있기에 나는 아직도 하고 싶은 말이 많다. 긴 글로 적으면 구차한 문장으로 늘어질 수도 있을 텐데, 노래가 끝나면 가사도 끝이 나야 하니 멋있게 퇴장할 수 있어서 더

욱 좋다. 선율에 글을 담아 띄우는 편지가 누군가의 마음에 닿아 뿌리를 내리고 꽃이 될 수도 있고, 누군가의 밤을 지키는 별이 되어 줄 수도 있을 테니, 이보다 더 아름다운 일이 또 어디 있을까.

세상에는 아직도 많은 슬픔이 있다.
많은 애달픔이 있고, 많은 눈물이 있고,
많은 엇갈림과 고뇌하는 삶들이 있기에
나는 아직도 하고 싶은 말이 많다.

왜 예술을 사랑하는가?

문학과 예술이 있어서 행복하다. 별다른 취미가 없는 내게는 책을 읽거나 공연을 보러 다니는 것이 여가를 즐기는 수단이다. 햇빛이 내리쬐는 창가에서 차 한 잔을 옆에 두고 책을 읽다, 눈이 피곤하면 음악을 듣는다. 문학과 예술이 없었다면 인간의 삶은 얼마나 건조할까? 모든 예술인들과 문학가들에게 감사한다. '뜬구름 잡는 얘기'라고 치부될 상상력들이야말로 모든 예술의 기초이다. 모든 아름다운 것들이 꼭 경제적 이익을 가져다주지는 않지만, 돈으로는 살 수 없는 것들을 가져다주는 것이 문학과 예술이고, 그 안에서 우리의 삶은 영롱한 빛을 지니게 된다.

눈빛이 맑은 사람이 좋다. 순수한 마음을 가진 사람들. 아무리 성격이 못된 예술가라 해도 훌륭한 작품을 만들어 내는 사람이라면 속마음은 따뜻할 것 같다. 표현은 거칠어도 그의 영혼에는 아름다운 일면이 있기에 예술 작품을 탄생시킬 수 있었다고 믿기 때문이다. 예술 안에서는 모든 상처도 아름답다. 상처 없는 예술은 오히려 소금기 없는 빵처럼 싱거울지도 모른다. 굳이 전문 예술가가 아니어도 노래를 부르고, 피아노를 치고, 춤을 추면서 상처는 치유된다. 가무를 즐기는 우리 민족은 이미 그것을 알고 있었던 것이다.

나는 예술가를 꿈꾼다. 그리고 존경한다. 아주 상업적인 음악으로 시작한 나이기에, 더 순수한 곳으로 자꾸 고개가 기운다. 아무도 들어줄 것 같지 않은 곡이라 해도, 나 혼자라도 진정한 아름다움을 알아보는 것에서 희열을 느낀다. 경제적으로 아무짝에도 쓸모없어 보이는 음악이라도, 막다른 벼랑 끝에 내몰린 누군가에게는 구원의 손길로 다가올 수 있다.

나의 음악이 누군가에게 그런 존재가 되기를 바란다. 아무도 이해해 주지 못하는 삶을 혼자 견뎌 내는 누군가의 길고 어두운 밤에, 작은 별빛처럼 희미하게나마 빛을 주는 존재, 조용히 안아 주는 것 같은 존재이기를. 삶에게서, 사람에게서 받은 냉기로 마음이 얼어갈 때 손난로 같은 존재이기를. 극단적인 순간에 잠시 멈출 수 있게 등 뒤에서 붙잡아 주는 존재. 몇 푼의 돈이 되는 것보다 더 고결한 역할을 해내기를 꿈꾼다.

인간이 만들어 낸 가장 아름다운 것, 예술. 내가 그것을 해내기를 꿈꾼다. 그리고 그것으로 많은 사람을 도울 수 있기를 꿈꾼다.

나 계속 가수 할꼬야

글을 쓰는 동안 많은 생각을 정리할 수 있었습니다.
한 문장, 한 문장에 집중하면서 나의 과거와 현재를
스스로 토닥일 수 있었고, 삶의 흐름을 덤덤히 관조하는 시간이
얼마나 아름다울 수 있는지 새삼 느꼈습니다.

이 책이 나오기까지 힘을 보태 주신
호원대학교와 송정북스 대표님께 깊이 감사드립니다.
그리고 아주 개인적인 이야기일 수 있는 부족한 글을
끝까지 읽어 주신 독자 여러분께도 진심으로 감사를 전합니다.

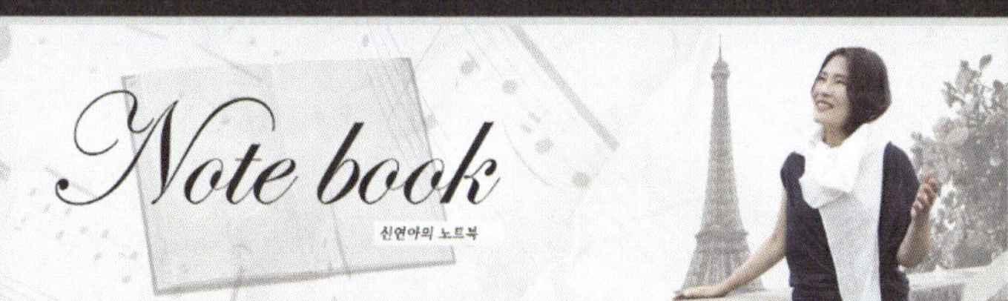

신연아의 음악초대장

노래로 건네는 한 장의 초대장.
마음으로 노래하는 아티스트, 신연아.
QR을 열면, 그녀의 위로가 당신 곁에 머뭅니다.

미미를 기억하며

미미는 가수 신연아에게 딸 같은 존재였다.

바쁜 스케줄로 매일같이 쫓기던 시절에도

그녀는 미미에게 영상통화를 걸어 안부를 묻곤 했다.

그만큼 깊이 아끼고 사랑했던 반려 고양이였다.

이제 미미는 하늘나라로 떠났지만,

그녀의 마음속에서는 여전히 함께 있다.

그녀에게 음악은 사랑을 기억하는 또 다른 방식이다.

이 음원은 신연아가

이전에 먼저 떠나보낸 고양이를 생각하며 작곡한 곡이다.

rainbow bridge
노래QR

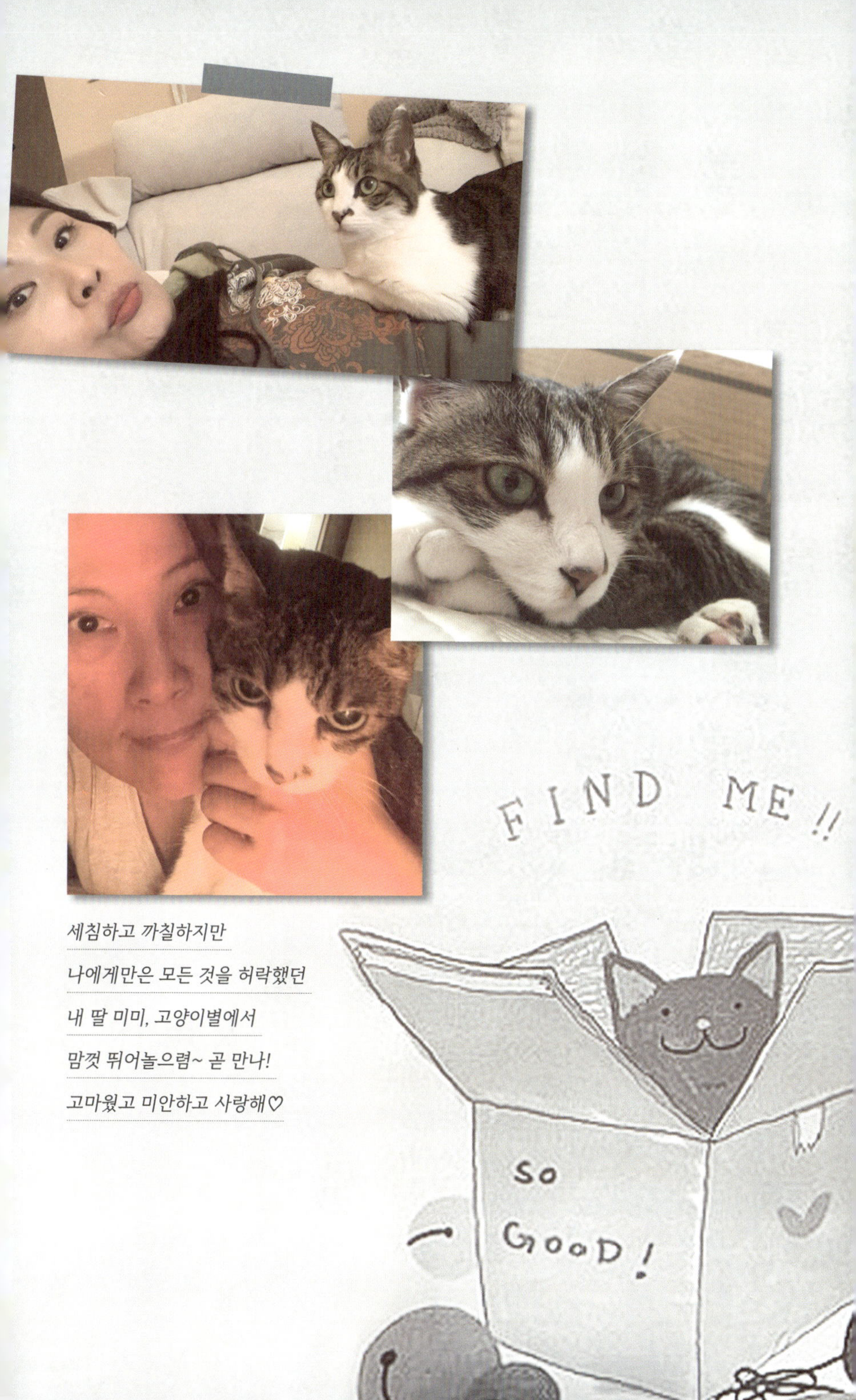

세침하고 까칠하지만
나에게만은 모든 것을 허락했던
내 딸 미미, 고양이별에서
맘껏 뛰어놀으렴~ 곧 만나!
고마웠고 미안하고 사랑해♡

나 계속 가수 해도 되나?

초판 1쇄 발행 2025년 11월 1일

지은이 신연아
발행인 신수연
발행처 송정북스
등록 2023년 8월 10일 (제2023-000062호)
주소 서울특별시 성동구 송정6길 5, 3층
전화 010-3462-7846
전자우편 songjung.books@gmail.com

편집/디자인 조은정
마케팅 ㈜콘텐츠노트

ISBN 979-11-995067-0-1

이 책은 호원대학교의 연구개발비 지원을 받아 발간되었습니다.

출판사 **송정북스**

송정북스는 음악이 남긴 여운을 글로 옮기는 출판사입니다.
소리로 시작된 이야기를 책으로 담아내며, 소장하고 싶은 세련된 음악 교육 교재도 제작합니다.
음악에서 비롯된 감성을 깊이 있게 전달하고, 마음을 울리는 스토리를 담아내는 데 최선을 다하고 있습니다.

인스타그램 instagram.com/song_jung_books